認知症の早期発見・初期集中支援に向けた ラーニング・プログラム

監修 小笠原浩一・宮島俊彦
編集協力 特定非営利活動法人 日本介護経営学会

中央法規

はじめに

　日本介護経営学会は、認知症の早期発見・初期集中支援の促進に効果のある学習プログラムと、地域包括支援センターをワンストップの調整機能とする支援モデルの開発を目的とする調査研究事業を、平成27年度および平成28年度の厚生労働省老人保健事業推進費等補助金（老人保健健康増進等事業分）事業として実施しました。認知症の初期の兆候を見過ごすことなく、早期に専門的な医療・介護サービスにつなぐ体制により、進行の予防や症状の改善を図り、これまでの生活の継続を支援できます。認知症について学習し、認知症の人の生活に理解を深めれば、認知症になっても住みやすい地域共生社会が生まれます。認知症の学習を通じた早期発見・初期集中支援の促進は、認知症への社会的取り組みのなかでも最も重要なことといえます。この調査研究事業では、認知症の人の生活支援について、学会として、新しいアプローチの提案を行いました。

　このたび、その成果を『認知症の早期発見・初期集中支援に向けたラーニング・プログラム』として公刊します。本書の内容は、調査研究を通じて学術的に検証され、介護事業の現場における実証実験において妥当性が確認されたものです。その内容を、地域や職場、学校などで開催される認知症講座、医療機関や介護サービス事業所における職員研修、市民センターや公民館などにおける介護講座などの講習テキストとして、あるいは、認知症に関わる仕事についておられる方々や認知症について学びたいという住民の皆さんのセルフラーニング用のテキストとして、使いやすいものに編集しています。

　認知症の早期発見から初期集中支援、そしてその後の継続的な生活支援の流れを一貫して調整する機関として地域包括支援センターの役割はきわめて重要です。地域包括ケアシステムの展開と併せて地域包括支援センターの組織や機能の拡充を進め、認知症への社会的取り組みの中心的役割を担っていくうえで、全国の地域包括支援センターの業務の標準となるガイドラインを開発しました。地域包括支援センター職員の研修テキストとしても効果のある内容になっています。

　社会の各方面において本書が広く活用され、認知症に関する正しい知識の理解と社会調和的な行動が促進されるよう、願っています。

　2か年の調査研究事業ならびに本書の出版には、社会福祉法人の渓仁会（谷内好理事長）、こうほうえん（廣江 研理事長）、志摩会（黒澤 明理事長）、それに認

知症介護研究・研修仙台センターの阿部哲也先生と東北福祉大学の石附敬先生に、学会の外から多大なご協力をいただきました。また、中央法規出版の照井言彦さんには企画段階から親身のご助力を賜りました。皆様に心よりの謝意を表します。

　本書は、日本介護経営学会の編集協力による出版としては、田中滋・栃本一三郎編著『介護イノベーション』(第一法規、2011年)、小笠原浩一・栃本一三郎編著『災害復興からの介護システム・イノベーション』(ミネルヴァ書房、2016年)に次ぐものです。

2017年8月
　　　　　慶應義塾大学名誉教授／特定非営利活動法人日本介護経営学会会長
　　　　　　　　　　　　　　　　　　　　　　　　　　　田中　滋

目次

はじめに

| 導入 1 | 認知症施策の今後のあり方 ……………………………………… 1 |
| 導入 2 | 認知症早期発見・初動対応促進に効果的な学習方法 ……… 7 |

Part 1　施策・サービス経営への指針

- その1　認知症スティグマの低減による地域共生の推進 …………………… 14
- その2　認知症スティグマへの個人特性の影響と介入効果 ………………… 26
- その3　早期発見・初動対応促進への必要条件 ……………………………… 36
- その4　「空白の初期」における早期発見と初動対応 ……………………… 45
- その5　地域包括ケアのなかでの初動対応と生活支援 ……………………… 50
- その6　認知症の人への「日常生活支援」……………………………………… 55
- その7　地域包括支援センターを調整弁とする認知症初期集中支援 ……… 60

Part 2　実践的ラーニング・プログラム

ガイダンス ……………………………………………………………………………… 70

- その1　効果の上がるラーニング・プログラム ……………………………… 72
- その2　市民向けテキスト ……………………………………………………… 78
- その3　職員向けテキスト ……………………………………………………… 102
- その4　認知症の人との共活動体験―地域カフェの効用― ……………… 127
- その5　認知症スティグマ改善のセルフチェック・シート ……………… 134
- その6　地域包括支援センター認知症早期発見・初期集中支援標準マニュアル ……………………………………………………………… 139

監修・編集協力・執筆者一覧

導入 1　認知症施策の今後のあり方

1　認知症の人の歴史

　認知症の人が話題になりはじめたのは、1970年代からである。1972（昭和47）年に有吉佐和子氏の『恍惚の人』（新潮社）が出版され、認知症の人の存在が広く知られるようになった。当時は、老人病院[1)]が急増し、こうしたところで身体拘束をされている光景が当たり前のように見られた。

　1980年代になると、特別養護老人ホームでの受け入れが始まり、宅老所[2)]の開設の動きも始まっている。さらに、1990年代になって、老人保健施設の整備、グループホームや認知症の人を対象としたデイサービスなどが進み、ようやく、介護で対応する時代に入ってきた。

　長年、現場で認知症ケアに携わっている宮崎和加子氏によると、認知症の人のとらえ方は、「第1期　何もわからなくなった人」、「第2期　精神の病気の人」、「第3期　介護の対象の人」、「第4期　普通の人」に区分される[3)]。

　ケアの対応は、「第1期は隔離・収容・拘束」、「第2期は医療・治療対象」、「第3期は介護・生活支援の対象」、そして「第4期は主体的に生きることの支援」と変遷してきたということである。

　このとらえ方は、第4期が新しい。認知症の人は「ちょっとできないことがある普通の人」という見方である。認知症の人の支援も、認知症の人が自分で決める、自分でやる、できないことを支援するということで、自立支援の考え方につながっている。

　「認知症の人」というその呼び方自体についても、歴史的な変遷がある。大まかに言えば、「恍惚の人」「呆け老人」「痴呆性老人」「認知症患者」「認知症の人」と変遷してきた。

　こういった変遷の背景には、「認知症の人」に対する差別や偏見があるのではないかといった批判や、単に医療の対象としての患者とみるだけでは、現に起こっている問題の解決になっていないのではないかという批判がある。

　もう少し言うと、「呆け」「痴呆」という言葉は偏見ではないかという批判であり、「患者」として医療が施されても治癒するわけではないのだから、認知症の人が生活していくことに対する支援がおろそかになっているのではないかという批判

である。

　そこで今は、「認知症の人」という言い方になっているのだが、この言い方に対しても、認知症は症状の一つにすぎないのに、「認知症の人」では、まるで全人格が認知症のようで不適切ではないか、「認知症がある人」ではないかという意見がある。

　確かに、英語では「person with dementia」である。

2　認知症の人に関する最近の施策展開

　超高齢社会を迎えて、日本の医療は大きな潮流の変化に直面している。この変化は、キュアからケアへ、健康の回復から自立支援へ、疾患モデルから障害モデルへ、専門家から多職種のチームへ、病院・施設から地域ケアへという変化である。

　2014（平成26）年の通常国会で成立した「地域における医療及び介護の総合的な確保の促進に関する法律」でも、病院機能の集約化を図り、平均在院日数を短縮する一方、地域包括ケアシステムを整備し、疾病や障害があっても地域で生活できる社会が目指されている。

　今後の認知症施策の方向も、この大きな潮流の変化の例外ではない。認知症になっても本人の意思が尊重され、できる限り住み慣れた地域の良い環境で暮らし続けることができる社会の実現が目指されている。

　認知症施策はここ数年、急ピッチで展開されている。

　2012（平成24）年6月には、厚生労働省認知症施策検討プロジェクトチームの報告書「今後の認知症施策の方向性について」が公表された。そして、これに基づき、2013（平成25）年度を初年度とする「認知症施策推進5か年計画（オレンジプラン）」が策定された。

　オレンジプランでは、「認知症の人は精神科病院や施設を利用せざるを得ない」という考え方を改め、「認知症になっても本人の意思が尊重され、できる限り住み慣れた地域の良い環境で暮らし続けることができる社会」の実現を目指すこととされた。

　この実現のため、新たな視点に立脚した施策の導入を積極的に進めることにより、これまでの「自宅→グループホーム→施設あるいは一般病院・精神科病院」というような「ケアの流れ」を変え、むしろ逆の流れとする標準的な「認知症ケアパス」（状態に応じた適切なサービスの提供の流れ）を構築することを基本目標とす

ることとされた。

　そして、具体的には、以下の七つの視点に立って、今後の施策を進めていくこととされた。

❶　標準的な認知症ケアパスの作成・普及
❷　早期診断・早期対応
❸　地域での生活を支える医療サービスの構築
❹　地域での生活を支える介護サービスの構築
❺　地域での日常生活・家族の支援の強化
❻　若年性認知症施策の強化
❼　医療・介護サービスを担う人材の育成

　この七つの視点の「❷　早期診断・早期対応」のために、新規に立ち上げられた事業が「認知症初期集中支援チーム」の配置である。

　認知症初期集中支援チームは、地域包括支援センター等に配置され、認知症の人や家族に早期に関わり、アセスメント、体調管理、環境改善、家族支援などの初期支援を包括的・集中的に行うものである。そして、この初期集中支援を、❶の認知症ケアパス（認知症を発症したときから、生活機能障害が進行していくなかで、いつ、どこで、どのような医療・介護サービスを受ければよいかの道筋）につなげていくことが目指されている。

　それまでの認知症施策が行動・心理症状（BPSD）が激しくなったときや重症化してからの後追い型の対応であったものを、初期からの対応に転換している。

　2015（平成27）年には、オレンジプランは早くも改訂され、「認知症施策推進総合戦略～認知症高齢者等にやさしい地域づくりに向けて～（新オレンジプラン）」が策定された。

　新オレンジプランは、厚生労働省が、内閣官房、内閣府、警察庁、金融庁、消費者庁、総務省、法務省、文部科学省、農林水産省、経済産業省および国土交通省と共同して策定したものである。オレンジプランが厚生労働省の医療や介護分野に限定されていたのに対し、新オレンジプランはほぼ全省庁の領域にわたっており、いわば「国家戦略」という位置づけになった（**表1**）。

表1　関係省庁の認知症に関連する施策分野

関係省庁	施策分野
厚生労働省	予防、医療、介護
文部科学省	研究、学校教育
農林水産省	食品安全、農村振興
国土交通省	住宅、街づくり、交通安全
法務省	成年後見、医療同意
総務省	消防、救急搬送
経済産業省	介護商品開発
消費者庁	経済被害
金融庁	銀行手続
警察庁	犯罪被害、免許更新、行方不明

新オレンジプランの7本の柱は、以下のとおりである。

❶　認知症への理解を深めるための普及・啓発の推進
❷　認知症の容態に応じた適時・適切な医療・介護等の提供
❸　若年性認知症施策の強化
❹　認知症の人の介護者への支援
❺　認知症の人を含む高齢者にやさしい地域づくりの推進
❻　認知症の予防法、診断法、治療法、リハビリテーションモデル、介護モデル等の研究開発及びその成果の普及の推進
❼　認知症の人やその家族の視点の重視

　オレンジプランと新オレンジプランの七つの重点施策を比較してもらえばわかるように、オレンジプランでは、医療・介護サービスの提供が重点だったのに対し、新オレンジプランでは、国民の認知症に対する理解を深めるための普及・啓発、やさしい地域づくりなどの社会的な広がりをもった施策に重点が移された。
　さらに、認知症の人やその家族の視点の重視ということで、認知症の人を医療や介護のサービスの対象である受け手としてとらえるのではなく、認知症の人の意思を尊重し、認知症の人とともに共生できる社会づくりが目指されることになった。

3 今後の施策展開

　新オレンジプランで示されたような方向は、現状に照らしてみると、必ずしも一般的な理解を得ているとは思われない。

　日常生活自立度Ⅱ以上の認知症高齢者の居場所別内訳をみると、半数は居宅であるが、半数は施設などである（**表2**）。このほかにも、認知症の有病者は約160万人おり、その大部分は居宅だと推定される。

　この居場所別内訳は、認知症の人への支援が必要な状態になると、施設などに頼らざるを得ない現状を示している。特に気になるのは、医療機関に約38万人が入院している状況である。

表2　認知症高齢者の居場所別内訳（2010（平成22）年9月末現在）　　　（単位：万人）

	居宅	特定施設	グループホーム	介護老人福祉施設	介護老人保健施設等	医療機関	合計
日常生活自立度Ⅱ以上	140	10	14	41	36	38	280

※端数処理の関係により合計は一致しない。
※介護老人保健施設等には、介護療養型医療施設が含まれている。
資料：厚生労働省「『認知症高齢者の日常生活自立度』Ⅱ以上の高齢者数について」2012年

　また、厚生労働省の推計によれば、2012（平成24）年で、日常生活自立度Ⅱ以上の認知症高齢者数は約305万人、認知症の有病者数は約462万人、さらに正常と認知症との中間の状態の軽度認知障害（Mild Cognitive Impairment：MCI）の高齢者は約400万人と推計され[4]、マスコミなどでは認知症800万人時代といわれるようになっている。この数はさらに増加すると見込まれ、2025（平成37）年には認知症の有病者数は約700万人、65歳以上の高齢者に対する割合は約5人に1人になると見込まれている[5]。

　こうなってくると、物理的にみても施設などで収容するという路線が破たんしてしまうことは明らかである。この状況を打開すべく、認知症の人についての最近の施策は、早期発見・早期対応に重点がおかれるようになってきている。

　具体的には、初期の段階でさまざまな分野での社会的支援につなげていき、できるだけこれまでの生活や人間関係を維持しながら、地域で暮らしていけるようにする方向性である。そして、このような地域で暮らすという方向での施策を進めてい

くためには、社会の中にある認知症への偏見や否定的な心理を解消していくことが大前提になる。

　認知症の人が地域で暮らしていけるということについて、多くの人はまだ確信がもてているわけではない。しかし、理念だけではなく現実的にも、認知症の人が地域で生活できる社会にしていかないと、超高齢社会は乗り切れないだろう。

<注>
1）　1975（昭和50）年頃から老人の入院が多数を占める病院を老人病院と呼んでいた。1982（昭和57）年制定の老人保健法に基づく厚生省告示によって制度化された。
2）　宅老所は、介護保険制度が始まる前から存在する無認可の老人ホームのことである。自宅やアパートを改修するなどして、少人数の老人を入居させ、食事・居室・介護などの提供を行っている。
3）　宮崎和加子『認知症の人の歴史を学びませんか』中央法規出版、2011年、142～147頁
4）　厚生労働省「認知症施策の現状について」2014年
5）　内閣府『高齢社会白書 平成28年版』日経印刷、2016年、21頁

導入 2

認知症早期発見・初動対応促進に効果的な学習方法

1 早期発見・初動対応が重要

　認知症になっても、できるだけ早い段階でその兆候に気づき、専門的な医療・介護等のサービスによる支援と生活環境の調整に配慮(はいりょ)することで、それまでの暮らしぶりを変えることなく生活を継続することができる。

　特に、認知症の行動・心理症状（BPSD）と呼ばれる行動と心理に関わる症状の現れ方には、病理的要因以外の生活環境・人間関係などの環境的要因が作用していることから、認知症になってもこれまでどおりの生活を続けていけるかどうかは、家族や周囲の人々の認知症の本人への関わりの姿勢、すなわち意識と言動にかかっている。

　そこで、家族や周囲の人々、さらに医療・介護のサービスに関わる方々が、本人のプライドや生活の流儀を大切にしながら、認知症に伴って生じる日常生活上の変化（本書では「かも知れない兆候」という）に気づき、専門的支援につなげる行動をとることが求められる。これを早期発見・初動対応（初期集中支援）という。

　「早期」とは、日常生活のなかで認知症を疑わせる「かも知れない兆候」が現れるタイミングのことである。認知症の原因疾患(げんいんしっかん)が発症した初期という意味ではない。

　「発見」とは、単にそうした兆候が確認できたということではなく、それが認知症に起因する兆候ではないかと認識し、地域包括支援センターなど身近な専門機関に相談する行動のことをいう。

　短期記憶に低下の兆候が現れているのに、加齢に伴う記憶力の低下だと誤解したり、不安がったり怒りっぽくなったりしているのに、個性のゆえだと深刻に考えなかったりすると、早期に兆候を確認しているのに、「発見」行動が伴わないまま見過ごされてしまうことになる。

　見過ごしがあると、専門的支援のない空白の時間が長引き、状態は深刻になってしまう。小さな「かも知れない兆候」を見過ごさないことが決定的に重要なのである。

2 なぜ、見過ごしてしまうのか―認知症へのスティグマ―

　日常生活に変化の兆しがみえていても、本人がその変化の深刻さを認識できないとか、病識がもてないということがある。変化に不安を抱きつつも、まだ大丈夫だという現状維持の心理がはたらくこともある。家族も、変化に気づき、不安になってはいるものの、専門家に判断を求めることを躊躇しがちになる。そうした「かも知れない兆候」の見過ごしは、なぜ起こるのか。

　認知症の人とその家族が望んでいるのは、これまでどおりの生活を継続したいということである。生活への姿勢や意欲を保ち、役割を維持し、地域との交流を失わないで生活を続ける。それを望むからこそ、変化を変化として認めたくない現状維持の意識が強まる。

　これまでどおりの生活の継続を支えられるような、介護・福祉サービスの提供や社会との交わりの機会の開発が、認知症の人や家族の日常生活を支援することになる。認知症は、初期段階から本人、家族、地域、専門家が協働した生活ナビゲーションが重要である。

　見過ごしによって「空白の初期」が生じる原因を本人や家族の心理状態からみると、認知症の情報・知識の不足、認知症になることへの不安や避けたいという気持ち、認知症であることへの否定的な先入観などが関係している。

　認知症については、メディア情報や認知症介護家族などの経験情報により、他人事としては見聞きしているが、自分の身の回りに実際に認知症の兆候が現れると、疾患としての怖さや先行きへの不安が具体的に高じてしまう。

　人間の生理学的変化の意味が、知識の不足によって理解できない状態であり、理解できていても心理的な受容がついていかない状態である。こうした状態を「認知症スティグマ」と呼んでいる。

　早期発見から初動対応、それに続く集中的で継続的な日常生活支援への流れを促すには、早期発見を左右する認知症スティグマの低減・解消が決定的に重要であり、それには、地域や職場での学習が非常に効果的であることが研究により実証されている[1]。

3 学習することで認知症スティグマは解消する

　認知症スティグマは、認知症に関する正確な知識を学習することで低減・解消で

きることが、実証されている[2]。学習内容は次の構成になっている。

1. 倒置的な認知症観と受容的な認知症観

認知症スティグマは、認知症であることが社会的関係性の障害になるという意識に基づき、認知症である他者を公共空間から排除することを首肯する「排除」（exclusion）、認知症への当惑、忌避、嫌悪、不安などマイナスの審美的心象に基づき認知症の人と関わりをもたないようにしようという「回避」（digressive belief）、それに、人としての保有能力への肯定的認識や人としての存在性への共感、隣人としての受容など、認知症であってもその人が保有する能動的可能性への肯定的認識を内在させる「受容」（perception）、から構成される。いずれも、認知症への先入観やステレオタイプ認識を特徴とする心理である。

認知症スティグマは、人というものに関する正常観を下敷きにしていて、正常観を倒置した見方で、認知症ならびに認知症の人を認識する「倒置的な認知症観」（inversive perception of dementia）として表出するか、正常観を認知症の人についてもあてはめる「受容的な認知症観」（receptive perception of dementia）として表出するかによって、「排除」「回避」の行動心理となるか「受容」の行動心理となるかに区分される。

本書のPart 2に掲載している「学習テキスト」（「その2　市民向けテキスト」「その3　職員向けテキスト」）は、そうしたスティグマの度合いと高い相関性を有する因子を、学習を通して操作できるように構成されている。

2. 客体的スティグマと主体的スティグマ

認知症スティグマは、認知症である他者に対するスティグマ（「客体的スティグマ」）と、自分が認知症になることに対するスティグマ（「主体的スティグマ」）に分けることができる。

客体的スティグマが低い場合、主体的スティグマは高くなり、客体的スティグマが高い場合、主体的スティグマは同程度か、やや低くなることが実証されている。また、主体的スティグマの水準いかんにかかわらず、学習刺激によって客体的スティグマが低減することが実証されている[3]。

自分が認知症になることを恐れるという主体的スティグマは、認知症になりたくないという心理と、仮に認知症の兆候が現れはじめたら、できるだけ早期に受診や相談の行動を起こすことへの準備の心理の両面を含んでいる。

したがって、事前に、認知症になることへの不安を解消し、認知症になってもこれまでの生活を継続することができるという心構えをもつことで、早期発見の促進

につなげることが可能になる。

　このことから、「学習テキスト」には、客体的スティグマを低減させるための知的刺激を組み込んでいる。客体的スティグマを低減させることで、自分自身や家族に認知症の兆候が現れたときに、自ら早期発見や予防の行動を起こすのを促すためである。

3．知識の獲得・矯正に伴うスティグマ低減効果

　認知症および認知症の人に対する「理解の仕方」や「理解の程度」が認知症スティグマに直接影響を与える因子となっている。認知症および認知症の人への理解度が高いほど、スティグマが低いことが確認されている。

　特に、認知症の原因疾患と症状の関係、六つの認知領域（ドメイン）[4]と脳の構造・機能との関係、記憶（短期記憶・長期記憶、手続き記憶）の管理、認知機能障害の進行および処方に関する基礎的な知識が重要で、知識カテゴリーとしては、認知症の症状に関する知識および認知症の人の行動心理と行動特性に関する知識からなる。

　「学習テキスト」では、早期発見のための知識という視点から、これらの基礎知識を関連領域も含めて解説している。

4．人間受容力とストレス耐性の関連性

　認知症スティグマに影響する因子として、性格、対人関係性、価値観等の思考パターンを形成する個人のパーソナルな特性が重要である。他者認識や一般的な人間についての見方といった因子がその基礎にあり、認知症に対する見方にそれらが強く影響している。

　そのような個人特性を代理する指標として、人間受容力[5]（対人信頼感とストレス耐性）がある。対人信頼感が強い場合にはストレス耐性が強く、対人信頼感が弱い場合にはストレス耐性が弱くなることが実証されている[6]。

　ストレス耐性の弱い人でも、認知症ならびに認知症の人への理解を深め、認知症早期発見に主体的・積極的に行動できるように刺激することで、人間受容力が向上し、排除や回避といった否定的なスティグマ心理が薄まる。

　人間受容力と認知症スティグマの間には、特に主体的スティグマの低減で強い相関性が確認され、認知症への理解度は講座学習によって有意に向上し、客体的スティグマ度、主体的スティグマ度のいずれも有意に減少することが実証されている[7]。

　「学習テキスト」により、認知症に関する正しい知識を豊富にし、認知症の人の

気持ちや希望を理解することで、認知症スティグマの低減へとつなげることができる。

4 効果的な学習方法がある

効果的な学習方法は、本書のPart 2「その1　効果の上がるラーニング・プログラム」に示すとおりである。本書のPart 2「その2　市民向けテキスト」および「その3　職員向けテキスト」は、セルフラーニングでも座学講座でも効果がある。

座学講座の場合には、認知症介護経験のある主任介護支援専門員（主任ケアマネジャー）か看護師が講師となることが望ましい。学習効果の自己点検が大切であるので、本書のPart 2「その5　認知症スティグマ改善のセルフチェック・シート」と組み合わせた学習プログラムとして実施することがさらに効果的である。

認知症スティグマ低減効果としては、テキスト学習のみでも共活動体験学習のみでも十分な効果があるが、地域カフェの担い手や認知症サポーター人材の発掘・育成まで進む場合には、認知症の人との共活動体験学習をテキスト学習と組み合わせることで、相乗効果が得られる。

本書のPart 2「その4　認知症の人との共活動体験—地域カフェの効用—」は、効果的な共活動プログラムを組み込み、地域カフェに成功している事例の分析から得られた、地域カフェ・共活動プログラムの運営に関してガイドラインとなる要素を取りまとめたものである。介護保険制度外の事業として取り組む地域カフェのみならず、介護保険制度上の認知症カフェの運営にあたっても参考になる。

＜注＞
1) 日本介護経営学会「平成27年度厚生労働省老人保健事業推進費等補助金（老人保健健康増進等事業分）事業実施報告書——認知症早期発見・初期集中対応促進に資するアウトカム指標と定量的評価スケールの開発に関する調査研究」2016年、22〜51頁
2) 前掲1)、22〜51頁
3) 前掲1)、43〜49頁
4) 本書のPart 2「その2　市民向けテキスト」「その3　職員向けテキスト」の(8)を参照。
5) 対人信頼感尺度については、堀井俊章・槌谷笑子「最早期記憶と対人信頼感との関係について」『性格心理学研究』第3巻第1号、1995年、30頁の表1にある17項目を踏襲している。本書のもとになった調査では、対人信頼感とストレス耐性を組み合わせて「人間受容力」を評価する指標として用いている。
6) 日本介護経営学会「平成28年度厚生労働省老人保健事業推進費等補助金（老人保健健康増進等事業分）事業実施報告書——認知症の早期発見促進のための教育プログラムと早期発見を初期集中対応に連続化させる効果的手法の開発に関する調査研究」2017年、35〜36頁
7) 前掲6)、38頁

Part 1

施策・サービス経営への指針

その1　認知症スティグマの低減による地域共生の推進

1　認知症早期発見が進まない理由

　私たち一人ひとりが、認知症について正しい理解を欠いたまま負の心象を抱くことになれば、認知症になること、認知症であることへの否定的な先入観が社会に広まることになる。認知症にはなりたくないという意識、認知症の人と関わることへの不安は、認知症の兆候を早い段階で発見するのを阻(はば)んでしまう。認知症にはなりたくないという意識が、現状維持の心理バイアスを生むからである。早期発見がなければ、初動の支援につながらない。

　早期発見を促進するには、認知症の人の身近で生活する家族や近隣住民、かかりつけ医、介護予防サービス従事者などの専門職の方々に対する、認知症の兆候の早期発見と初動への動機づけが必要になる。金融機関、商工業者など、日常の顧客接遇の場面で認知症の兆候に気づきやすい方々への動機づけも必要である。初期集中支援においても、医療的側面での対応だけでなく、生活環境の調整や支援のネットワークづくりといった、認知症の人がふだんの生活を継続していくための条件づくりが重要である。

　ちょっとした物忘れ程度と軽視したり、認知症の診断が下るのを恐れたり、理解はするが関わりたくないと敬遠したり、歳をとれば自然な成り行きだと放置するといった消極的な判断・行動が広く観察される。認知症介護の専門職のなかにも、受診が望ましいことは理解しているが、認知症であることが判ったとして、それを、どのように支援につなげるのか方向性がみえないまま対応を躊躇(ちゅうちょ)するとか、認知症であってもその人を介護するという点では変わりはないからと認識し、介護の一般論から個別ケースに対応するような場面が観察される。認知症介護の経験から得られた知識が、結果として、待ちの判断を生んでしまうこともある。

　がんであれば早期発見、早期治療で治そうとする。本人や家族が心を一つにして治療を進めるためには、同意に基づく告知や治療計画が重要である。認知症についても同様で、早期発見・初動対応についての社会的なコンセンサスを形成する必要がある。そのためには、認知症であることについて、あるいは、認知症の人について、どのような心理社会的状態（psycho-social state）がみられ、それが認知症の人に対するどのような行動病理を発生させるのかを解明し、認知症にとってネガ

ティブな心理社会的状態の緩和・改善を社会的な取り組みとする必要がある。

2 認知症スティグマ

　認知症に対する否定的な心理社会的状態を、「認知症スティグマ」(the stigma of dementia) と呼ぶ。世界保健機関（World Health Organization：WHO）および世界精神医学会（World Psychiatric Association：WPA）が2002年に発表した「合意声明：精神障害を有する高齢者に対するスティグマと差別の低減に向けて」（Consensus Statement：Reducing Stigma and Discrimination Against Older People with Mental Disorders）は、スティグマとは「特定のやり方で社会から信頼されなくなるような属性（attribute）、ふるまい（behavior）、または評価（reputation）であり、それは個人が、他者によって社会で受け入れられている普通の存在としてではなく、歓迎されない拒絶的な固定観念のもとに心理的に類別されることを意味する」というアーヴィン・ゴフマン（Erving Goffman）の定義[1]を引用している。そのうえで、スティグマは「一定の個人やグループが恥をかかされたり、排除されたり、差別されたりするプロセス」から生じるとしている[2]。

　ブルース・リンク（Bruce Link）とジョー・フェラン（Jo Phelan）は、この「スティグマ・プロセス」というとらえ方をさらに動態的に展開して、「特徴づけのラベル貼り（labelling）、偏見的先入観（stereotyping）、阻隔（separation）、社会的立場や現状の喪失（status loss）、そして差別処遇（discrimination）が、一定の力学関係の状態（in a power situation）において同時に起こることで、スティグマを構成する諸要素が顕在化することになる」と分析している[3]。

　この定義には、私たちの社会にとって参考にされるべき三つの重要な含意がある。

　第一の含意は、スティグマは、一定の力関係の状態のなかに生じるものであるとみなしていることである。社会関係には、専門言説を支配し、鑑別というラベリングを実施する医師と受診側である認知症の人との関係、否定的な偏見や先入観をもって見つめる周囲との関係、認知症という病名が付されることによる雇用機会や社会参加機会の喪失、「認知症対応型」という看板を掲げた介護サービスへの仕分け的な処遇、近隣への気遣いなど社会関係における介護家族の苦悩、介護施設や通所介護（デイサービス）における認知症の利用者とそうでない利用者との関係など、一定の力関係が内在している。

このスティグマ・プロセス論は、こうした力関係こそがスティグマを顕在化させるメカニズムであるとみている。それゆえに、スティグマの緩和・解消に向け、政策的にはこの力関係のメカニズムを組み換える社会的刺激が重要であることが示唆されている。
　第二の含意は、スティグマが顕在化する契機の重層性に着目していることである。マスコミ等の情報や伝聞情報により認知症について偏見的先入観が植え付けられていても、それだけでは、特定の人を隔絶したり排除したりする行動には結びつかない。しかし、自らの生活圏内に認知症の疑いや認知症と鑑別された隣人が存在することによって、偏見的先入観が特定の個人に対する差別処遇の行動となって現れる。この定義は、こうした構図を明快に説明している。つまり、意識が行動化する契機は重層的な文脈で構成されるということである。
　このことは、啓発を通じて公共の意識変容を促すことに加えて、接触体験を通して偏見的先入観を払拭・矯正することや、認知症の人や家族からの当事者メディアを豊富につくり出すことで認知症を自分のこととして仮想できるようにすることなど、スティグマ意識が差別的・排除的な社会行為へと具現化するのを抑制するような操作が可能であることを示唆している。
　第三の含意は、スティグマに基づく差別的・排除的な行動主体の複層性を描いていることである。外側からのスティグマは、スティグマを貼られた側の失望や焦燥、諦めといった本人に内在化する自己スティグマ（self-stigma）を引き起こす。自分や自分の家族は認知症になりたくないという回避意識も強められる。これは、早期発見の最大の阻害要因となるし、支援サービスの効果を左右する要因ともなる。
　社会や地域からのスティグマ（social/institutional stigma）に加えて、自己スティグマを抱える本人と地域社会との間に挟まれた家族や介護職員が、心理的切迫のなかで、あるいは、自身の抱える偏見的先入観から、介護者として被介護者を特別扱いしようとする厚遇スティグマ（courtesy-stigma）を抱くこともある。スティグマ・プロセス論は、スティグマの主体間関係という視座と、差別的スティグマ・保護的スティグマというスティグマの二面性の視座を提供してくれる。
　国際アルツハイマー協会（Alzheimer's Disease International：ADI）は、2012年の『世界アルツハイマー報告書』で、「認知症スティグマの克服（Overcoming the stigma of dementia）」を提言している。そこで用いられているスティグマに関する定義は、WHOとWPAの2002年の定義ならびにリンクとフェランの2006年

の定義を変更していない[4)]。したがって、日本において認知症の早期発見を社会的取り組みとして強化しようとすれば、リンクとフェランの2006年の定義に関するこのような解釈から得られる三つの視座、すなわち、力関係の状態、契機の重層性、主体の複層性を組み込んだ社会啓発プログラムを開発することが有効である。

3 「早期発見」の「早期」

認知症早期発見が社会的に必要とされる最大の理由は、認知症の初期段階において症状の緩和や適切な生活支援体制を組むことで、本人の望む生活の継続を可能にすることにある。したがって、早期発見の「早期」は認知症の原因疾患の発症初期という意味ではなく、これまでみられなかった日常生活上の兆候（かも知れない兆候）が現れる段階のことを指す。そのため、国の「認知症施策推進総合戦略～認知症高齢者等にやさしい地域づくりに向けて～（新オレンジプラン）」においても、発症予防や軽度認知障害（Mild Cognitive Impairment：MCI）に関する知識の普及啓発とともに、「本人や家族が小さな異常を感じたときに速やかに」適切な機関に相談できる体制が重視されている。この「小さな異常」とは日常生活において感知されるこれまでとは異なる変化のことを意味するから、「段取りが計画どおりうまくできない」「状況に応じた動作ができ難くなってきた」「くどくど、同じことを何回も繰り返す」「身だしなみを気にしなくなった」などの日常生活動作（Activities of Daily Living：ADL）の自立性に関わって生じる変化というように解釈する必要がある。

アメリカ精神医学会（American Psychiatric Association：APA）の『精神障害の診断と統計マニュアル』（Diagnostic and Statistical Manual of Mental Disorders：DSM）の最新版DSM-5（2013年）は、老化（老年変化）を主要な原因とする脳の器質性疾患について、「認知症（Dementia）」に代えて「神経認知障害」（Neurocognitive Disorders：NCDs）と定義したうえで、六つの認知領域（①複雑性注意（complex attention）、②実行機能（executive function）、③学習と記憶（learning and memory）、④言語（language）、⑤知覚－運動（perceptual-motor）、⑥社会的認知（social cognition）[5)]）のいずれか一つでも障害兆候が確認されればNCDsと診断されると定義した。操作的な判断のしくみであり、障害発見を容易にし、本人・家族の肯定的な発見行動を促進する効果が期待される。

早期発見を促進する社会条件を検討する場合、「早期」であるかどうかの判断を

常に本人や家族にゆだねることは、見逃しのリスクを高くする。本人・家族が第一義的な行動主体であることはいうまでもないが、認知症を個人的な問題として当事者任せにするのではなく、早期発見を促す社会的行動情報を地域に普及し、認知症の人が社会の一員として生活を継続していけるよう支援するための社会的な知性を醸成することが重要になる。

4 認知症スティグマに関するこれまでの研究

　認知症についての先入観、過小認識、見逃しなどの原因となり、早期発見や妥当な初動の妨げとなるスティグマ心理を、社会的啓発や学習の刺激を用いて低減させることは、認知症を生きる方々を社会の一員として包摂できる地域共生のしくみづくりにもつながる。

　認知症スティグマ問題の解決を地域共生という次元から構想することは、認知症スティグマに関する従来の研究に照らして、新しい試みということができる。これまで、認知症スティグマに関しては、三つの代表的な研究がある。

1．認知症ケアマッピング（Dementia Care Mapping：DCM）[6,7]

　1997年に、ブラッドフォード大学認知症研究スクール（University of Bradford School of Dementia Studies）が開発し、その後、今日まで改訂が重ねられているDCMは、認知症を高齢化の不可逆的な兆候ととらえ、「パーソン・センタード・ケア」（person centered care）の考え方を基盤にして、本人の個人的な生活の質を優先する認知症ケアの方法を構想したものである。この方法のキーワードとなるのが、認知症への恐れ（fear）と差別的取り扱い（discrimination）である。DCMは、認知症の人の日常生活を専門家が観察し、24の異なる指標から成る「行為カテゴリー・コード」（the Behavioral Category Code：BCC）に即して解釈を加え、心地の悪い状態と心地の良い状態に得点化して仕分けし（well/ill being（WIB）value）、生活の質を可視化して、ケアの方法の改善に結びつけるものである。

　この方法は、認知症を特別な疾患としてラベリングする医療的アプローチが生み出してきた認知症への恐れや、医療中心の対応プロセスに組み込まれた認知症への差別的取り扱いから醸成される心理的な偏見や先入観に対し、「個人にとっての妥当性の確認」（individual validation）を優先させるという戦略的な目標から開発されたものである。いわば、社会的な認知症スティグマから個人を防衛するケアの方法体系といってよい。

本書は、「個人にとっての妥当性の確認」（すなわち「生活の質」）を戦略目標におくという点ではこの研究を継承している。そのうえで、次の2点を前に進めている。1点目は、早期発見・初期集中支援という初動段階にフォーカスをあてている。そのことで、認知症になること、認知症であることへの心理社会的状態そのものの変容を促す学習刺激ツールを開発した。この点で、「個人にとっての妥当性の確認」という個々的状態の改善にフォーカスをあてるDCMと異なっている。2点目は、DCMは認知症ケアの方法体系であるのに対して、本書は、スティグマの意識・行動の主体に焦点をあて、意識・行動そのものの変容を刺激することを主眼にしている。そのため、一般市民のみならず、認知症ケアに従事する専門職や認知症ケア事業に関わる多様な職員の意識・行動を変容させるための刺激要素を重視している。

2．スティグマの6次元説（Six Dimension of Stigma）[8,9]

　この研究は、アイルランド・アルツハイマー協会（the Alzheimer Society of Ireland）とダブリン・トリニティカレッジ看護・助産学部（The School of Nursing and Midwifery Trinity College Dublin）が2006年に公表したもので、エドワード・ジョーンズ（Edward E. Jones）らの社会的スティグマ（social stigma）研究の方法を「認知症スティグマ」の構造分析に応用したものである。スティグマを、隠秘性（concealability：状態の可視性）、経路（course：経時変化）、断絶性（disruptiveness：関係の阻害性）、審美的特徴（aesthetic quality：烙印の度合いと狼狽効果）、起源（origin：発生環境と責任主体）、危難（peril：危険性の性質と切迫性）の六つの次元から構成される行動病理として把握し、状態コントロールを可能にする変数を発見しようとする試みである。

　このため、認知症に関わるステークホルダーすべてを調査対象としており、認知症の人、その家族、専門職、支援者を対象に、上記6次元に即した聞き取り調査を通じて、認知症スティグマ環境の構造分析と変化要因の検出を試みている。とくに、DCMではマッピングの客体に位置づけられていた本人を、スティグマの主体としてメディア化しているところに方法的進化がみられる。

　本書は、スティグマを力関係の状態、契機の重層性、主体の複層性のプロセスのなかから発生するものととらえる点では、この研究のスティグマの構造化と同じ方法的視点に立っている。そのうえで、経時変化や危険性・切迫性の度合いという状態観察よりも、早期発見や初動がなぜ促されないのかに焦点化することにより、認知症の兆候の見過ごし、無視ないし軽視、現状維持バイアスによる隠ぺいの心理構造からスティグマを解析している点、ならびに、スティグマの緩和・解消に向け、

誰が、どのような責任を負うかという臨床的な社会行動形成を重視している点に特徴がある。

3．ウォロンゴン大学スケール1，2（University of Wollongong Scale 1 & 2）[10]

　この研究は、オーストラリア・アルツハイマー病協会（Alzheimer's Australia）の研究助成プロジェクトとしてウォロンゴン大学健康イニシアティヴ研究センター（University of Wollongong Centre for Health Initiatives（当時））が2011年に実施したもので、認知症スティグマを意識・認識の次元で分析している。先行研究に対し、「肯定的スティグマ」（positive stigma）の概念を投入したこと、ならびに、「もしあなたが認知症ならば」という仮想認識を組み込んだ点で、新しい。

　本書のもとになった調査の設計に際し、肯定的スティグマならびに自己スティグマ（self-stigma）という因子の投入はこの研究を継承した。ただし、この研究が高齢予備軍、認知症介護予備軍である40歳から64歳を対象に、インターネット調査で実施されているのとは異なり、本書の調査研究は、年齢層の限定をはずし、対象母集団を条件づけした自記式書面調査として実施された。その理由は、第一に、どの年齢段階における、どのような場面設定での認知症啓発教育がスティグマ低減に効果があるのかを分析するためであり、第二に、介護を職業とする専門職と一般市民の二つの母集団に所属可能な年齢層全体を調査データに取り込むためである。

　そのうえで、自記式書面調査の有利性を活かして、認知症への排除・回避を審美的な心象、認知機能に関する認識、および関係性に関する認識の三側面から分析している点、認知症に対する肯定的イメージや行動心理の解析にあたり心象と態度に分け、心理が言動へと起動する契機を探ろうとした点、それに、「もしあなたが認知症ならば」という仮想認識について、否定的と肯定的の両方の認識を検出できるようにしている点において、改良を施している。

5　認知症スティグマを左右する因子

　先行研究における調査方法に改良を施したうえで、認知症であること・認知症の人に対するスティグマ心理が行動に表出するのを左右する因子の分析を実施した。すでに述べた、「排除」「回避」「受容」の行動の三類型、「審美的な心象」「認知機能に関する認識」「関係性に関する認識」の心理・認識の三側面、「倒置的な認知症観」「受容的な認知症観」の表出の二様式を図1のように組み合わせた36項目の質

問を準備した。

図1　行動類型、心理・認識、表出様式のマトリクス

> 審美的な心象に起因する「回避」
> 認知機能や保有能力の低さの認識に起因する「回避」
> 関係性維持能力の低さの認識に起因する「排除」
> 当惑、不安、忌避、嫌悪心理に起因する「回避」
> 共感や肯定からの能動的認知症観としての「受容」
> 　　　　　　　　　　　　　　　　　　　36項目

　スティグマの程度の測定という観点から、「倒置的な認知症観」を示す因子を用いて「倒置度」を、「受容的な認知症観」を示す因子を用いて「非受容度」を測定すると、因子間の正相関が確認された。そのような因子群から、スティグマ低減との相関性の高い21の項目を抽出することに成功した。それを29頁の**表1**に示してある。項目の①から⑭が「倒置的な認知症観」を、⑮から㉑が「受容的な認知症観」を示している。質問への回答は「そう思う」から「そう思わない」までの5段階評価でセルフチェックできるよう設計されている。

　認知症スティグマは、スティグマの対象により、認知症の他者に対するスティグマ（「客体的スティグマ」）と自分が認知症になることに対するスティグマ（「主体的スティグマ」）に分けることができる。29頁の**表1**の21項目は、「客体的スティグマ」度を評価するための要因である。

　主体的スティグマと客体的スティグマの双方を同時に低減するような影響因子を探すことは不可能で、認知症の他者を受容できる人は、自分が認知症になることを恐れる傾向にあるし、認知症の他者を受容できない人は、自分が認知症になることに実感をもち難い。客体的スティグマ度が低いと主体的スティグマ度は高く、客体的スティグマ度が高いと主体的スティグマ度は同程度に高いか、やや低くなることがすでにわかっている[11]。端的には、認知症介護に従事する介護職員は、認知症の利用者を受容しケアすることはできるが、自分が認知症になることへの強い忌避意識を有しているし、認知症の家族との生活経験を有する人は、自分が認知症になることへの主体的スティグマ度が高いことに現れている[12]。

　自分が認知症になることを恐れるという主体的スティグマには、認知症になりたくないという心理と、仮に認知症の兆候が現れはじめたらできるだけ早期に受診や相談の行動を起こさなければならないという心理の両面が含まれる。したがって、事前に、認知症になることへの不安を解消し、認知症になってもこれまでの生活を

継続することができるという理解を学習を通してしっかりもつことで、主体的スティグマの強さを早期発見の促進につなげることが可能になる。

主体的スティグマ度をチェックするには、「もし自分が認知症になっても」「もし自分が認知症になったら」という仮想条件のもとに、一方で、自分自身の生活環境への適用能力、生活継続への意欲、情動感情の存続についての認識を問い、他方で、家族、隣人、社会関係における「周囲の人々」との関係性の変化についての認識を問うことで、自分が認知症であることを忌避する意識と受容する意識の度合いを測定する方法を用いる。29頁の**表2**の9項目がそれである。質問への回答は「そう思う」から「そう思わない」までの5段階評価でセルフチェックできるよう設計されている。

ただし、学習以前の状態でスティグマ度に差が存在する。また、学習の効果の度合いにも差が存在する。その差の根拠は、その人のもつ対人信頼感[13]やストレス耐性[14]といった他者を受容する力にある。本書では、これを、他者に対する信頼と互酬の人間関係を形成する力という意味で「人間受容力」と定義している。本書のもとになった調査で明らかになったことは、対人信頼観の弱さとストレス耐性の弱さは正相関しており、認知症スティグマ度の強さにつながっていることである。逆に、対人信頼感の強さとストレス耐性の強さは正相関しており、認知症スティグマ度の弱さにつながっている。

したがって、認知症スティグマを効果的に低減させるには、認知症に関する正確な知識、認知症の人の行動・心理への合理的な理解、人間受容力向上に関連する情報の刺激を一体化した学習プログラムを用いた学習機会を、地域に多様な方法で拡げていくことが有効である。その際、学習効果はとくに退職準備期や高齢準備期にある高年齢層に強く現れることが調査結果で示されていることにも留意したい。

6 認知症である人を排除しない地域共生づくり

公民館の生涯学習や、地域包括支援センターや社会福祉法人などが主催者となる各種の講座など、地域の中には、多様な学びの空間が存在する。認知症学習に限っても認知症サポーター養成講座をはじめとして、その名称や実施主体、実施場所など、多様に工夫された形で展開されている。加えて、認知症の人との出会いや共活動の場も多様に準備されている。

認知症学習を切り口に地域共生型社会を推進する際に、考慮(こうりょ)すべき要素が3点あ

る。
　第一に、学習内容を**表1**および**表2**の要点に沿って工夫することである。

表1　市民向けの学習内容の要点

- ◆早期発見・初期集中支援の促進に向け、市民意識を啓発することに狙いがあり、認知症に関する一般的な知識を豊富にすることを意図するものではない。
- ◆人間理解、人間受容、ストレス・コーピングといった、認知症理解以前の人間特性に関する知識領域を盛り込むよう配慮する。
- ◆知識を得たら行動に移すための、行動手順、行動手続きに関する情報を盛り込む。
- ◆認知症の人の心の状態を理解し、しかも、もし自分のことであったらという観点でとらえられるよう、視点の形成に配慮する。
- ◆講座に出られないが、自己学習したいという住民にも活用可能な内容とする。

　本書の Part 2「その2　市民向けテキスト」では、認知症の理解については、原因疾患や症状に関する一般的な解説ではなく、手続き記憶や喜怒哀楽の存続、記憶障害を伴わない認知症状、事故・感染による認知症の可能性、行動・心理症状（BPSD）の現れ方を左右する環境・関係要因の重要性、症状を本人の視点でとらえることの重要性などを強調している。行動促進では、早期発見情報を地域包括支援センターに集中的につなぐモデルを組み込んでいる。家族やかかりつけ医による兆候の見逃しや誤判断の可能性に配慮し、自分で判断せずに、専門機関である地域包括支援センターに情報をつないでいく社会行動モデルで構成されている。

表2　職員向けの学習内容の要点

- ◆介護職員のみならず、地域の金融機関や行政の窓口、商工業者の顧客接遇のフロント業務など、サービス部門に従事する従業員一般に使える内容とする。
- ◆早期発見・初期集中支援の促進に向け、市民意識を啓発することに狙いがあり、認知症に関する一般的な知識を豊富にすることを意図するものではない。
- ◆認知症の人の日常生活に関する経験的理解が不足している職員が陥りがちな言動面ならびに接遇面の誤行動について、平易な解説を盛り込む。
- ◆介護・接遇する側の上から目線ではなく、認知症の人の目線から日常生活上の不安や希望を表現するよう工夫する。
- ◆サービス理論の基本を理解し、利用者との関係における自身の役割意識やポジショニングの形成を促す。
- ◆講座に出られないが、自己学習したいという職員にも活用可能な内容とする。

本書のPart 2「その3　職員向けテキスト」では、認知症の理解については、一般市民向けと同様に、原因疾患や症状に関する一般的な解説ではなく、認知症の人の視点でとらえることの重要性を強調している。

　第二に、地域講座や出前講座を単なる知識授与の場として構成するのではなく、参加者の主体的なセルフチェックと、参加者相互の交流・互酬の促進機会を演出することである。

　本書のPart 2「その5　認知症スティグマ改善のセルフチェック・シート」は、認知症に関する知識と行動モチベーション、ならびに自己の人間受容力（対人信頼感とストレス耐性のレベル）が、学習の前後においてどのように変化するかをセルフチェックするためのツールである。講座や自己学習の開始に先立ち「事前用」を、終了直後に「事後用」を適切な時間を割いてセルフチェックしてみることにより、学習前後での自分の変化に気づくことになる。

　会合は交流・互酬を促進する場でもある。学習内容に沿った体験談や心がけのグループディスカッションの時間を設けることが有効であるし、講座終了後に雑談交流の時間を設けるだけでも効果がある。

　第三に、学習成果を地域で実践的に活かすうえで、認知症の「かも知れない兆候」の現れている隣人や認知症を生きる他者を、漠然と「認知症の人」とみるのではなく、自分に理解できる具体的な特徴に着目し、相手を信頼するということを意識づけることである。自分と共通する話題を糸口にする、ペットの様子から言葉を交わす、こだわりのある服装や手回り品について聞いてみる、といった相手に信頼を感じてもらう交流の場面を少しずつ拡げることが、結果として地域の互酬性を強め、共生型と呼ばれる地域社会を促していくことになる。地域共生は住民一人ひとりのつながりの集積であって、住民の日常の交流から遊離した計画や介入でつくられるものではないのである。

<注>

1) Goffman, E., *Stigma: Notes on the Management of Spoiled Identity*, Englewood Cliffs, New Jersey: Prentice-Hall, 1963.
2) World Health Organization and World Psychiatric Association, *Reducing stigma and discrimination against older people with mental disorders*, Geneva: WHO, 2002, p.8.
3) Bruce, L. and Phelan, J., 'Stigma and its Public Health Implications', *The Lancet*, 367, 2006, pp.528-529.
4) Alzheimer's Disease International, *World Alzheimer Report 2012: Overcoming the stigma of dementia*, London：Alzheimer's Disease International, 2012, pp.8-9.
5) 六つの認知領域の日本語訳は、American Psychiatric Association 編、日本精神神経学会日本語版用語監修、髙橋三郎・大野裕監訳、染矢俊幸・神庭重信・尾崎紀夫・三村將・村井俊哉訳『DSM-5 精神疾患の分類と診断の手引』医学書院、2014 年、270 〜 275 頁に拠っている。
6) Brooker, D., 'Dementia Care Mapping: A Review of the Research Literature', *The Gerontologist*, 45(1), 2005, pp.11-18.
7) Brooker, D. J. and Surr, C., 'Dementia Care Mapping (DCM): initial validation of DCM 8 in UK field trials', *International Journal of Geriatric Psychiatry*, 21(11), 2006, pp.1018-1025.
8) Jones, E.E., Farina, A., Hastorf, A.H., Markus, H., Miller, D.T. and Scott, R.A., *Social Stigma: the Psychology of Marked Relationships*, New York: W.H. Freeman and Company, 1984.
9) The School of Nursing and Midwifery Trinity College Dublin, *Perceptions of Stigma in Dementia: An Exploratory Study*, The Alzheimer Society of Ireland, 2006.
10) Phillipson, L., Magee, C., Jones, S. and Skladzien, E., *Exploring Dementia and Stigma Beliefs: A Pilot Study of Australian Adults Aged 40 To 65 Yrs*, University of Wollongong Centre for Health Initiatives, Alzheimer's Australia, 2012.
11) 日本介護経営学会「平成 27 年度厚生労働省老人保健事業推進費等補助金（老人保健健康増進等事業分）事業実施報告書――認知症早期発見・初期集中対応促進に資するアウトカム指標と定量的評価スケールの開発に関する調査研究」2016 年、51 頁
12) 前掲 11)、31 〜 32 頁、50 〜 51 頁
13) 堀井俊章・槌谷笑子「最早期記憶と対人信頼感との関係について」『性格心理学研究』第 3 巻第 1 号、1995 年、27 〜 36 頁において提起された概念で、「対人信頼感尺度」の 17 項目はその後の各種調査において汎用されている。本書のもとになった学習前後でのスティグマ度低減テストにも当該尺度 17 項目を用いている。
14) 本書のもとになった学習前後テストに用いたストレス耐性 9 項目は、Web サイト上で検索可能な各種ストレスチェック・ツールを参考に、対人ストレスに焦点をあてて作成した。ストレス耐性に関する項目は回答者の対人ストレス属性の評価に用い、学習による変化測定の対象とはしていないので、本書に掲載するにあたって、一般市民対象テストでも介護職員対象テストでもいずれも選択率の高かった上位 5 項目に絞っている。

その2　認知症スティグマへの個人特性の影響と介入効果

0　はじめに

　わが国の認知症高齢者は2025（平成37）年には高齢者の約5人に1人（約700万人）に達することが推計されており[1]、「認知症施策推進総合戦略～認知症高齢者等にやさしい地域づくりに向けて～（新オレンジプラン）」で強調されているように、認知症の人が地域生活を続けていけるよう、早期段階において保健医療福祉の支援につながることを可能にする支援システムの構築や地域づくりが求められている。

　一方、認知症の人が早期に発見され、適切な支援につながることを妨げる要因として、認知症に対するスティグマがある。国際アルツハイマー病協会（Alzheimer's Disease International：ADI）の2012年の報告書『認知症スティグマの克服』では、「スティグマは、認知症の人とその介護者が、彼らやその友人、家族が経験している最中であるかもしれない認知症の症状を認識することを妨げる。このことが、彼らに必要な治療や支援を得るための支援希求（help-seeking）の段階を遅らせてしまう」[2]と述べられている。また、認知症に対するスティグマ度が高い人ほど、いざ自分が認知症になった場合を想定したとき、他者に支援を頼れないと感じる傾向にあることが報告されている[3]。そのため、認知症に対するスティグマを低減させる方策を検討し実施することが、認知症の早期発見・初動対応の促進のために有効と考えられる。

　そこで日本介護経営学会調査研究ワーキンググループ（以下、調査研究ワーキンググループ）[4]は、認知症スティグマの実態を把握するための尺度の開発と、その尺度を用いてスティグマに影響を与えている個人特性の検討を行った。さらに、スティグマを低減させることを目的にした介入プログラムを開発し、その効果について検証を行ってきた。

　まず、実施してきた調査研究の概要を説明する。この研究では、2段階の調査を実施した[5]。まず、第1段階は認知症スティグマの測定尺度の開発と、スティグマの要因を明らかにすることを目的とし、2015（平成27）年11月から12月に実施した。調査対象は、北海道から中国地方までの5社会福祉法人、2医療法人、1NPO法人、2営利企業を含む計10事業者の協力を得て、市民および介護等職員の

データを収集した。有効サンプル数は 4344 人、そのうち市民が 1627 人、介護等職員が 2717 人である。

次いで翌年に第 2 段階として、先行して実施した調査で得られた、スティグマ低減要因に関する知見を活用して開発した「学習テキスト」を用いて、介入プログラムの効果を検証することを主目的とした実証試験を行った。調査対象は、北海道、中国地方、九州地方の三つの社会福祉法人の協力を得て、一般市民を対象とした公開講座を実施した（有効サンプル数 104 人）。また、各法人における就業年数 3 年未満の職員を対象とした、セルフラーニングプログラムを実施した（有効サンプル数 124 人）。その他、経験年数の長いベテラン職員に対する介入効果を若手職員の結果と比較するため、1 法人のサービス提供責任者を対象に、同様のセルフラーニングプログラムを実施した（有効サンプル数 12 人）。いずれの試験においても、介入プログラムの実施前後に自記式評価を実施した。開発されたラーニングプログラムの詳細は、本書の Part 2 で取り扱う。

本章では、調査研究ワーキンググループが行った認知症スティグマに関する調査研究の結果を基に、①スティグマ尺度の開発、②スティグマに影響する要因、③スティグマ低減に向けた介入プログラムの効果の順に、主要な成果について要約的に述べる。

1 スティグマ尺度の開発

認知症スティグマの問題について、当事者視点の導入の重要性について論じた論文[6,7]はすでにみられる。また、認知症スティグマの測定とその要因の検討を行った研究として、認知症に対する態度[8]や知覚されたスティグマ[9]を測定する尺度の研究などが存在する。認知症のスティグマを包括的にとらえることを目的に開発されたものに、オーストラリアのウォロンゴン大学（University of Wollongong）の研究チームが開発した尺度がある[10,11]。この尺度は、既存の関連尺度[12,13]を活用し、さらにこれまでの尺度に含まれていなかった肯定的な態度や信念に関する視点を導入している。測定領域として、①認知症の人に対する排除、回避、②認知症の人に対する肯定的な見方、③仮に自分自身が認知症になった場合のとらえ方、の三つを設定し、31 の質問項目が作成された[10]。この質問項目を用いて 40 歳から 65 歳の協力者 616 人のデータを収集し、探索的因子分析により「回避」「パーソン・センタードネス」「ラベリングへの恐れ」「差別への恐れ」の 4 因子で構成される 28 項

目の尺度が作成されている[11]。

　本研究は、このウォロンゴン大学の研究を参考にし、日本国内で使用可能な認知症スティグマ尺度の開発を目指した。ウォロンゴン尺度の構成概念を参考に、認知症スティグマを認知症の人に対する「排除・回避」「意識や行動」、もし自分が認知症になったらという「仮想認知症」の三つの構成概念とし、それに関連する質問項目を検討した。その際、認知症ケアに関わる職員へのインタビューで得られた情報も活用した。ウォロンゴン大学が作成した31項目のなかから19項目を採用し、新たに17項目を作成し、最終的に36項目とした。各項目について、「そう思う」～「そう思わない」の5件法で回答を得た。

　前述の市民および介護等職員4344人分のデータを用いて探索的因子分析および確証的因子分析を行い、最終的に21項目、2因子構造のスティグマ尺度が完成し、もし自分が認知症になったらという「仮想認知症」に関する質問項目9項目は、自分自身に対する主体的な認知症観に関する項目であるため、別途分析を行い3因子構造の尺度とした。前者を21項目で構成する「客体的スティグマ尺度」（**表1**）、後者を9項目で構成する「主体的スティグマ尺度」（**表2**）とし、スティグマの要因分析および実証試験のアウトカム尺度として使用した。

2 スティグマに影響する要因

　調査研究ワーキンググループは第1段階の研究計画において、「認知症に関する知識」「認知症に関する学習機会」「認知症の人と関わった経験」がスティグマに影響するとの仮説を設定した。また、第2段階の調査では、上記のような個人の知識や経験のほかに内面的特性として、「人間に対する受容力」がスティグマに影響を与える可能性を想定し、分析の枠組みに追加した。以下、それらとスティグマとの関連について述べていく。

1．認知症に関する知識

　「認知症とは先天的な認知機能の障害である」「認知症になると必ず記憶の障害が起こる」などの問題を10問設定し、正答数を認知症に関する知識度として扱った。知識度を一般市民と介護等職員の間で比較したところ、介護等職員のほうが認知症に関する知識を得ていた。

　スティグマとの関連については、一般市民と介護等職員のどちらの群においても、認知症に関する知識が乏しい人ほど客体的および主体的スティグマ度のいずれ

表1　客体的スティグマ尺度

① 認知症の人は私が何を言っているのか理解できない
② 認知症の人は自分の本能的な欲求のままに生活している
③ 認知症の人は何を言われてもすぐに忘れてしまう
④ 認知症の人は同じことを何度も繰り返し話して他人をいらいらさせる
⑤ 認知症の人は他者を気遣うことができない
⑥ 認知症の人は何をするかわからない
⑦ 認知症の人は伝統的に大切にされてきたことを無視しがちである
⑧ 認知症の人は他人を煩わせないような環境で生活するのが最善である
⑨ 認知症の人は人間的な魅力が薄れているように見える
⑩ 認知症の人は地域の公共の施設を利用するのが難しい
⑪ 認知症の人は複雑で面白い会話ができない
⑫ 認知症の人は地域で暮らし続けることができない
⑬ 認知症の人は衛生状態が良くない
⑭ 認知症の人に特に関心はない
⑮ 認知症の人は人生の知恵があるので尊敬されている
⑯ 認知症の人はたくさんの知識を持っている
⑰ 認知症の人の日常生活は人間らしい
⑱ 認知症の人は一緒に居て楽しい
⑲ 認知症の人は他人に関心を寄せ、他人を思いやる
⑳ 認知症の人から学ぶことが多い
㉑ 認知症の人を訪ねることに躊躇はない

注1：「1. そう思う」〜「5. そう思わない」の5段階評価。
　2：項目⑮〜㉑は点数を反転させて計算する。

表2　主体的スティグマ尺度

① もし自分が認知症になっても、家族にはそれを知られたくない
② もし自分が認知症になったら、近所の人にはそれを知られたくない
③ もし自分が認知症になったら、周囲の人々は、私のことを真剣に考えてくれなくなると思う
④ もし自分が認知症になっても、家族は私を支えてくれると思う
⑤ もし自分が認知症になったら、悲しく当惑すると思う
⑥ もし自分が認知症になっても、生きることを諦めることはないと思う
⑦ もし自分が認知症になっても、喜怒哀楽の感情は残ると思う
⑧ もし自分が認知症になっても、生活環境に適応しようと努力すると思う
⑨ もし自分が認知症になったら、日常生活のいろいろなことができなくなると思う

注1：「1. そう思う」〜「5. そう思わない」の5段階評価。
　2：項目④、⑥、⑦、⑧は点数を反転させて計算する。

も高い傾向にあった。そのため、認知症に関する正しい知識を得ることは、スティグマの低減につながると考えられた。

2．認知症に関する学習機会

　一般市民について、認知症についての学習機会として、「高校」「職場やその他の教育機関」「市民講座や教材」で学んでいる人は、そうでない人よりも客体的スティグマ度が低い傾向にあり、逆に学習の機会が「小中学校」「マスメディアのみ」「学習経験なし」といった人は高い傾向を示していた。これは、学習意欲、主体性、学習体験後の経過期間等の要素が理解度に影響し、客体的スティグマ度に影響を与える可能性が示唆された。一方、学習機会あるいは学習意欲や主体性は主体的スティグマを低減するための要素としては脆弱であると考えられた。これは、学習機会を得ること、その形態、能動性などは、自分自身が認知症になったことを想定した場合のとらえ方に影響を与えず、むしろ学ぶ内容を重視することの必要性を示唆している。

　介護等職員については、職場内外の研修機会や自己学習の機会がある人は、そうでない人よりも客体的スティグマ度が低いことがわかった。

3．認知症の人と関わった経験

　一般市民に対して、認知症の人との関わりの経験について、「なし」「会っただけで話したことはない」「挨拶程度、話したことがある」「一緒に活動したことがある」「一緒に生活したことがある」の選択肢で回答を得た。関わりの経験が「なし」「会っただけで話したことはない」「挨拶程度、話したことがある」では客体的スティグマに差がなかった。ところが、これらの群に対して、「一緒に生活したことがある」群は客体的スティグマ度が低く、さらに「一緒に活動したことがある」群は最も低かった。つまり、会話程度であれば、関わったことがない人と客体的スティグマに違いはなく、共に活動したり、生活したりといった共体験がスティグマ低減に強く影響することが判明した。一方、主体的スティグマについては、これらの関わりのレベルによる差はみられなかった。そのため、認知症の人との関わりの経験は、客体的スティグマ度を軽減する要素となりうる一方で、主体的なスティグマ度を高める要因にもなり得ることを考慮に入れる必要がある。

　介護等職員については、認知症ケアに関する経験年数が長いほど客体的スティグマ度が低い傾向にあった。また、特別養護老人ホームなどの「入所系サービス事業所」や訪問介護（ホームヘルプサービス）や通所介護（デイサービス）等の「在宅系サービス事業所」での業務経験がある人は、ない人よりも客体的スティグマ度が

低く、病院のみの業務経験の人は客体的スティグマ度が高い傾向にあった。これは、認知症の人との関わりの経験の長さだけでなく、その経験が日常的な生活に関わる職場で得られたものであるほうが、客体的スティグマの低減につながっていると考えられた。

4．人間受容力

人間受容力は、個人がもつ人間観を表すものであり、それには他者を信頼できることと対人関係におけるストレス耐性が構成概念として考えられた。そのため、①対人信頼感と②ストレス耐性により人間受容力の強さを把握することとした。「対人信頼感」については、堀井・槌谷（1995）により開発された、17項目で構成される対人信頼感尺度[14]を使用した。また、「ストレス耐性」については、本研究において「嫌なことがあっても『まあいいか』と受け流すことができる」「他人との関係では、相手の事情を想像することができる」「困ったときに、周囲に「助けて」と頼ることができる」等の7項目を設定し、合計得点によりその強さを把握した。

介入プログラムの事前評価において、人間受容力とスティグマの関係について分析を行ったところ次のことが明らかとなった。

一般市民を対象としたデータにおいて、人間受容力が高い人ほど客体的スティグマ度が低い傾向にあった。ただし、ストレス耐性に限っては客体的スティグマ度との相関は認められなかった。主体的スティグマには対人信頼感とストレス耐性の両方が強く関連していた。一般的に人間受容力の低い人は、自分が認知症になったときの周囲の関わりや対応について否定的に評価しがちであるという心理構造が示されたといえる。

また、介護等職員を対象としたデータにおいても、人間受容力が高い人ほど客体的スティグマ度が低いという傾向が確認された。このことから、認知症に対するより深層的な領域におけるスティグマの解消や低減のためには、対人信頼感やストレス耐性といった人間受容力の向上を図ることが重要と考えられる。

3 スティグマ低減に向けた介入プログラムの効果

前述したスティグマに影響する諸要因に関する知見をもとに、認知症に関する基礎的知識と人間受容力の向上を意図した内容を組み込んだ、認知症スティグマの低減に向けた学習プログラムを一般市民および介護等職員に対して実施した。

一般市民に対しては、「市民向けテキスト」を用いて講師による約60分の講座を

開講し、介護等職員に対しては、「職員向けテキスト」を用いてセルフラーニング形式の学習を行った。いずれにおいても、プログラム実施前後に自記式評価を行った。

ここでは、一般市民（104人）と、介護等職員（入職3年未満の若手）のうち、介護職（102人）に対する介入効果にしぼって結果を説明する。

一般市民について、平均年齢は49.8歳で男女差は均等であった。プログラム実施の前後比較において、認知症に関する知識（図1）、客体的スティグマ（図2）、主体的スティグマ（図3）のいずれにおいても顕著（けんちょ）な改善効果がみられた。知識レベルの向上に関しては、特に男性群に顕著な効果がみられた。また、認知症の人と関わった経験のない人に対して、スティグマの最も高い低減効果がみられた。

プログラム実施による客体的スティグマおよび主体的スティグマへの低減効果は、プログラム実施前後の得点比較において明確に実証された。

次に、介護等職員の平均年齢は30.6歳で女性が7割弱、現在の職場は入所施設が7割弱、残りが訪問および通所系サービスの事業所であった。介護等職員に対する介入プログラムの前後比較においても、一般市民と同様に認知症に関する知識（図1）、客体的スティグマ（図2）、主体的スティグマ（図3）のいずれにおいても顕著な改善効果が確認された。さらに、スティグマ度の改善がより困難と想定される、人間受容力の低いグループに限定したプログラム実施効果の分析を行った。その結果、客体的スティグマについては、人間受容力（対人信頼感およびストレス耐性）の低いグループも顕著な低減効果が確認された。しかし、主体的スティグマについては、ストレス耐性の低いグループのみ低減効果がみられ、対人信頼感の低いグループには介入前後の差異が認められなかった。これは、自分自身が認知症になった場合を想定した認知症観の改善は、対人信頼感の低い人に対しては特に困難であるということが課題として考えられた。

総じて、今回の学習プログラムは、若手の介護等職員のスティグマおよび知識の改善効果を有することが実証された。また、スティグマ度が高い傾向にある人間受容力の低い職員に対しても、一定の効果を示すことが明らかとなった。

図1　認知症に関する知識に対する介入効果

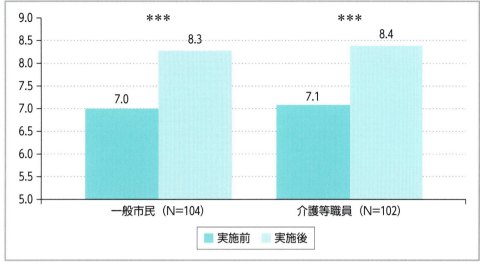

＊＊＊　0.1％水準で有意　t検定

図2　客体的スティグマに対する介入効果

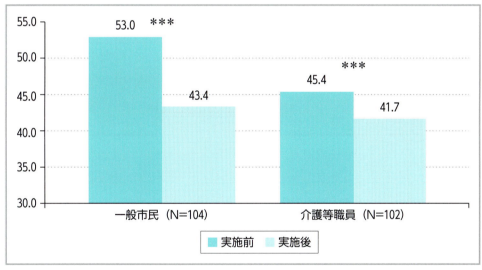

＊＊＊　0.1％水準で有意　t検定

図3　主体的スティグマに対する介入効果

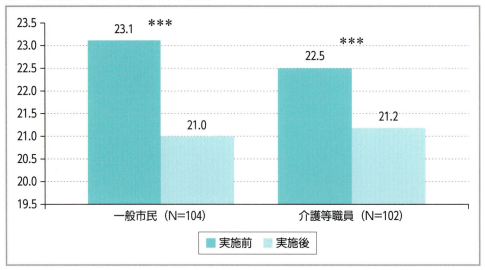

＊＊＊　0.1％水準で有意　t検定

4 まとめ

　この研究で、認知症スティグマを低減する要因群として、①認知症に関する知識、②学習機会、③認知症の人との関わりの経験、④人間受容力の4群がそれぞれが一定の影響力をもっていることが確認できた。この知見を活かして開発された学習プログラムの効果を検証したが、一般市民および介護等職員に対して、明確なスティグマ度の低減効果が確認できた。この効果は、認知症の人との関わりの経験のない、スティグマの低減効果を想定していなかったグループにも及んでいた。このことから、学習プログラムは広範な対象に実施可能なものと考えられる。

　学習プログラムは、実施において簡便でありながらも、認知症に関する知識の向上だけでなく、認知症や認知症の人に対する見方や態度に関わるスティグマの軽減に効果を示すことが明らかになった。

〈注〉

1) 厚生労働省ほか関係省庁「認知症施策推進総合戦略〜認知症高齢者等にやさしい地域づくりに向けて〜（新オレンジプラン）」2015年〈http://www.mhlw.go.jp/file/04-Houdouhappyou-12304500-Roukenkyoku-Ninchishougyakutaiboushitaisakusuishinshitsu/02_1.pdf〉（2017年8月7日アクセス）

2) Alzheimer's Disease International, *World Alzheimer Report 2012: Overcoming the stigma of dementia*, 2012, p.62.〈https://www.alz.co.uk/research/WorldAlzheimerReport2012.pdf〉（2017年8月7日アクセス）

3) Phillipson, L., Magee, C., Jones, S., Reis, S. and Skaldzien, E., 'Dementia attitudes and help-seeking intentions: an investigation of responses to two scenarios of an experience of the early signs of dementia', *Aging & Mental Health*, 19(11), 2015, pp.968-977.

4) 日本介護経営学会が行った平成28年度厚生労働省老人保健事業推進費等補助金（老人保健健康増進等事業分）事業「認知症の早期発見促進のための教育プログラムと早期発見を初期集中対応に連続化させる効果的手法の開発に関する調査研究」の調査研究実施委員会（本書執筆者に、廣江研、小山秀夫を加えたメンバーで構成）の下に置かれた「調査研究ワーキンググループ」のことであり、構成員は、本書執筆者の小笠原浩一、阿部哲也、石附敬、工藤健一の4名である。

5) 本章の根拠となる調査の詳細と統計的分析結果は、以下の報告書に公開されている。
日本介護経営学会「平成27年度厚生労働省老人保健事業推進費等補助金（老人保健健康増進等事業分）事業実施報告書──認知症早期発見・初期集中対応促進に資するアウトカム指標と定量的評価スケールの開発に関する調査研究」2016年
日本介護経営学会「平成28年度厚生労働省老人保健事業推進費等補助金（老人保健健康増進等事業分）事業実施報告書──認知症の早期発見促進のための教育プログラムと早期発見を初期集中対応に連続化させる効果的手法の開発に関する調査研究」2017年

6) 朝日隆「認知症とスティグマ」『精神医学』第55巻第11号、2013年、1053〜1056頁

7) 川村雄次「ドキュメント　認知症当事者研究の誕生」『看護研究』第46巻第3号、2013年、274〜285頁

8) O'Connor, M. and McFadden, S., 'Development and Psychometric Validation of the Dementia Attitudes Scale', *International Journal of Alzheimer's Disease*, 2010, Article ID454218, 10 pages.

9) Burgener, S. and Berger, B., 'Measuring perceived stigma in persons with progressive neurological disease', *Dementia*, 7(1), 2008, pp.31-53.

10) Phillipson, L., Magee, C., Jones, S. and Skladzien, E., *Exploring Dementia and Stigma Beliefs: A Pilot Study of Australian Adults Aged 40 To 65 Yrs*, University of Wollongong Centre for Health Initiatives, Alzheimer's Australia, 2012.

11) Phillipson, L., Magee, C., Jones, S. and Skladzien, E., 'Correlates of dementia attitudes in a sample of middle-aged Australian adults', *Australasian Journal of Ageing*, 33(3), 2014, pp.158-163.

12) Boustani, M., Perkins, A., Monahan, P., Fox, C., Watson, L. et al., 'Measuring primary care patients' attitudes about dementia screening', *International Journal of Geriatric Psychiatry*, 23(8), 2008, pp.812-820.

13) Fraboni, M., Saltstone, R., Hughes, S., 'The Fraboni Scale of Ageism (FSA): An Attempt at a More Precise Measure of Ageism', *Canadian Journal on Aging*, 9(1), 1990, pp.56-66.

14) 堀井俊章・槌谷笑子「最早期記憶と対人信頼感との関係について」『性格心理学研究』第3巻第1号、1995年、27〜36頁

その3 早期発見・初動対応促進への必要条件

0 はじめに

　認知症の人が住み慣れた地域で自分らしい生活を継続するためには、地域で支えるしくみづくりが重要である。そのためには、できるだけ早い段階でその人の変化の兆候に気づき、適切な支援につなげるための条件についての理解が欠かせない。ここでは、そうした早期発見・初動対応の促進への必要条件について、具体的な事例についての聞き取り調査の結果をもとに探っていくこととする[1]。

　地域包括支援センターの介護支援専門員（ケアマネジャー）を対象に33件の聞き取り調査を実施した。33件の内、早期発見と初動対応がうまくいったケースが18件、早期発見・初動対応がうまくいかずに課題が残ったケースは15件であった。

　早期発見・初動対応がうまくいったケースについては、ケース展開のプロセスが明確になるよう、「ケース発見の経緯」「初動対応」「その後の展開」という三つの観点で記録を構成し、テキストデータ化した。ケース発見の経緯については、「誰からの情報か」「本人の状態」「家族（周囲）の状況」「周囲との関係や生活環境上の問題に対する地域包括支援センターの判断」「医師の関与」という五つのポイントで整理した。初動対応については、「対応方針」「本人の様子」「家族の姿勢」「方針決定の根拠・理由」「関係主体」の同じく五つのポイントで整理した。その後の展開については、「展開の概要」「発見から終結までの期間」「本人変化」の三つのポイントで整理した。一方、うまくいかなかったケースについては、ケースの展開プロセスに沿ってヒアリング内容を整理し、テキストデータ化した。

　確定されたテキストデータをもとに、早期発見・初動対応がうまくいった要因とうまくいかなかった要因を探るため、探索的にテキスト分析を実施した。分析作業にはSPSS Text Analytics for Surveys（IBM）を用いた。SPSS Text Analytics for Surveysに内蔵された言語学的手法に基づくカテゴリー抽出を行った後、主に関係主体や場所、行為や行動とその理由を示すものについて探索的にカテゴリー化した。最後に、SPSS Text Analytics for Surveysにおけるwebパネルによる視覚化を採用し、カテゴリー間の関係性を検討した。

1 早期発見・初動対応を可能にした要因

1．早期発見

　早期発見についてテキスト分析の結果を視覚化したものが図1である。早期発見を促した構造要因については、本人と家族とのつながり、地域資源との関係、地域包括支援センターの果たす役割が関係している。以下、具体的にみていこう。

　まず、本人に注目すると、多くの家族とのつながり、さまざまな地域資源とのつながりという二つの特徴が読み取れる。家族について、具体的には、娘・妻・夫・母・孫・長男・長男夫婦が登場している。早期発見につなげるうえで、家族の果たす役割が大きいことがわかる。そのなかでも特に娘については、図中の円が他より大きい。これは、早期発見プロセスにおいて、娘が他の家族をはじめとする関係主体との結節点になっていることを示している。一方、地域資源については、病院・主治医・メンタルクリニック・整形外科、地域サロン・介護予防教室・スーパーマーケット・店舗・郵便局・警察・民生委員・自治会・近所・大家など、医療や介護関係機関にとどまらず多様である。地域での生活に関わる多様な主体が早期発見

図1　「早期発見」についてのテキスト分析結果（webパネルによる視覚化）

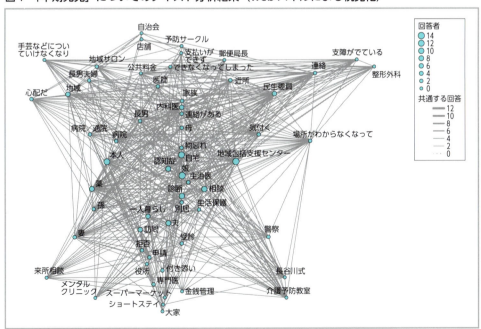

出典：日本介護経営学会「平成28年度厚生労働省老人保健事業推進費等補助金（老人保健健康増進等事業分）事業実施報告書 —— 認知症の早期発見促進のための教育プログラムと早期発見を初期集中対応に連続化させる効果的手法の開発に関する調査研究」2017年、63頁

に関係していることがわかる。「手芸などについていけなくなり」「支払いができず」「場所がわからなくなって」「物忘れ」といった変化に周囲が気づき、それを「心配だ」と気にかけ、地域包括支援センターにつながったことで早期発見となったのである。

次に、地域包括支援センターに着目すると、地域の多様な主体とつながりをもっていることがわかる。具体的には、本人や家族はもとより、民生委員・警察・医療関係機関・役所・自治会・郵便局といった多様な地域資源との関係性が、地域包括支援センターへの早期の来所相談や電話連絡につながっている。

その他、注目すべき点が三つある。

一つ目は「相談」「来所相談」についてである。相談・来所相談はさまざまな主体とつながっており、地域包括支援センターにはさまざまな経路を通じて相談が持ち込まれていることがわかる。来所相談に注目すると、妻や孫、娘や長男など家族が中心となっている。一方、来所相談以外の相談については、家族に限らず、民生委員や役所、警察といったように拡がりがみられる。

二つ目は「受診」「診断」についてである。相談・来所相談と同様、受診・診断も多くの要素とつながっており、早期発見に寄与する重要な要素となっている。「金銭管理（の問題）」や「場所がわからなくなって」といった生活上の課題が生じた際に、家族の気づきや勧めがあることが受診のきっかけになっていると思われる。

三つ目は「付き添い」についてである。生活上のちょっとした変化に気づいたり、具体的な課題が生じたりして、病院受診の必要性を考えたとしても、認知症の専門医療機関の受診にはまだ障壁がある。自分１人で医療機関を受診するには心理的ハードルが高い。そうした場合に、家族の「付き添い」がその障壁を取り除く一つの要素になっているのである。

以上のことから、早期発見を可能にする条件についてまとめておきたい。

第一に、本人が地域とのつながりを有していることの重要性である。地域サロンや介護予防教室など、各種社会資源や交流機会を通じた地域におけるネットワークは、認知症の早期発見を促す周囲の目として機能する。

次に、地域包括支援センターの果たす役割についてである。民生委員や自治会、地域サロン、医療機関、警察といった地域のさまざまな関係主体と広くネットワークを築いていることが重要である。これは、認知症に関わる地域のさまざまな場での気づきが地域包括支援センターに早期に持ち込まれる基盤として機能する。そし

て、地域の人たちが気づきを連絡するという具体的な「行動」に移すことができるような関係性をふだんから構築することが必要である。

また、地域包括支援センターが自ら実施する介護予防教室等は、早期発見につながるスクリーニングの機会として活かすことができる。さらに、地域包括支援センターが相談を受けた後に継続的に訪問することも重要である。訪問初期の段階では認知症とは特に関係がなくとも、定期訪問を継続することによって、本人に変化が生じた場合に、それを見逃さずに早期発見・初動対応につなげることができるからである。

2. 初動対応

初動対応がうまくいくかどうかについては、さまざまな要因が関係する。初動対応がうまくいったケースについて、テキスト分析の結果を視覚化したものが図2である。以下、初動対応がうまくいった要因について、具体的にみていこう。

初動対応を進めるプロセスにおいては、認知症の人を支える医療・介護の専門機関・専門職の存在が大きい。同時に、地域ケア会議の開催や、医療と介護の連携

図2 「初動対応」についてのテキスト分析結果（webパネルによる視覚化）

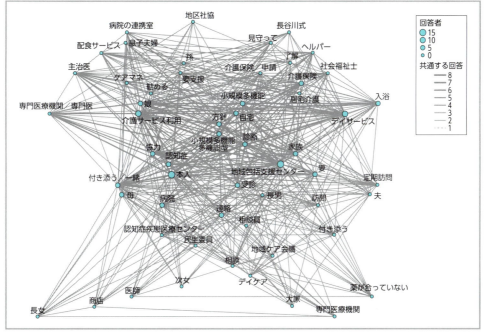

出典：日本介護経営学会「平成28年度厚生労働省老人保健事業推進費等補助金（老人保健健康増進等事業分）事業実施報告書――認知症の早期発見促進のための教育プログラムと早期発見を初期集中対応に連続化させる効果的手法の開発に関する調査研究」2017年、66頁

（「病院の連携室」等）といった医療と介護の多・他機関連携の姿も浮かび上がってくる。また、初動対応の段階では、介護保険／申請、介護サービス利用、受診といったように、具体的な医療や介護サービスにつながっていることがわかる。その一方で、民生委員や地区社会福祉協議会、商店、大家といった地域の近隣社会資源も、早期発見プロセスに引き続いて、初動プロセスを支える主体として機能していることも読み取れる。以下、初動プロセスをうまく進めることに寄与した点について確認していきたい。

　1点目は、「方針」についてである。早期発見されても、方針が立たなければ具体的なサービスにはつながらない。図中の中央に位置する「方針」は、放射状にさまざまな機関やサービスとつながっている。地域包括支援センターにおけるアセスメントと方針の策定が、具体的な支援につながる起点として重要な要素となっているのである。

　2点目は、専門医療機関の受診についてである。具体的には図中の「専門医療機関／専門医」「認知症疾患医療センター」「病院」がそれに該当する。それぞれが多くのカテゴリーとつながっており、医療機関受診の重要性を示唆している。初動対応のプロセスにおいて、どれだけスムーズに受診につなげることができるかが、その後を左右することになる。また、「専門医療機関／専門医」の付近には「勧める」「付き添う／一緒」といったカテゴリーを確認できる。受診にあたっては、本人が信頼する周囲の人間からの勧めや、その人の同行といった要素が、受診へのハードルを下げることにつながる。

　3点目は、介護サービスにつながっているということである。「小規模多機能（小規模多機能型居宅介護）」「デイサービス」「居宅介護（居宅介護支援）」「デイケア」「ヘルパー（訪問介護）」等の介護サービス利用を示す言葉が比較的大きい結節点になっている。初動対応がうまくいくと、医療機関の受診にとどまらず、生活を支える介護サービス利用のコーディネートや活用につながっている。

　4点目は、地域包括支援センターの定期訪問とモニタリングについてである。図中の右側に地域包括支援センターとつながる「定期訪問」のカテゴリーがある。「定期訪問」は家族のほか、各種介護サービスともつながっている。居宅介護支援事業所にケースが移った場合においても、地域包括支援センターとして定期的なモニタリングを継続しているケースもあることが推定される。

　5点目は、地域ケア会議についてである。早期発見から初動対応に移るプロセスで、地域ケア会議が開かれている。地域ケア会議では本人を取り巻く多くの関係主

体がつながることになる。早期発見プロセスにおいては、それら関係主体は見守る地域の目であり変化を見逃さない地域の目であったものが、初動対応に進み、「方針」を有する機能連携に展開する機会として重要な役割を担っているということがわかる。

　6点目は、「付き添う／一緒」「協力」ということである。初回のサービス利用や、そもそも本人がサービス利用に抵抗感を感じているときに、家族が伴走者としてサービス利用に「付き添う」などの「協力」が重要である。信頼のおける家族の同行によって心理的抵抗感を引き下げ、継続的なサービス利用に向けて、徐々に慣れていくといった考え方が重要である。

　7点目は地域との関係である。早期発見プロセスから引き続き、「商店」「大家」「地区社協」など、地域社会資源の存在がみて取れる。初動対応においては、介護や医療の専門機関が重要な役割を担っていくことになるが、地域での生活を支えるためには、それと同時に、地域の見守る目が引き続き重要性をもっているということである。

　最後に、以上のような初動対応をうまく進めるための前提となる条件について述べておきたい。一つは、地域の気づきを「連絡・相談」という具体的な行動に移すことの重要性である。民生委員等から地域包括支援センターへの連絡が比較的早い段階で入ることによって、初動対応がうまく進む。しかし、本人のちょっとした変化に気づく地域の目があるだけでは不十分で、それを地域包括支援センターに確実につないでいく行動が欠かせない。また、地域包括支援センターと医療機関との連携や医師へのはたらきかけも重要となる。生活を見守るなかで、「薬が合っていない」状況や、薬が飲めていない、薬が管理できていない状況などを訪問時等に確認した場合には、それを確実に医師につないでいくことである。

　また、本人を支える家族の意識や役割も大きい。本人の生活の多くの部分を見ている家族がいかに気づき、地域包括支援センターへの相談という具体的な行動に移せるかが初動対応の成否に影響する。さらに、本人がサービス利用を拒否する場合には、家族の同行によって利用が実現するケースもある。こうした場合には、家族の意識や認識、理解や協力といった要素が初動対応をスムーズに進めていけるかを左右するのである。

　その他、介護サービス事業者の協力といった要素も関係する。具体的には、サービス利用の際に本人の生活圏をできるだけ変えないということへの配慮や、段階的にサービスの種類や量を検討していくこと、利用開始に向けた職員とのなじみの関

係づくりなどによって、初動対応をスムーズに運ぶことができるかどうかが影響を受ける。

2 早期発見・初動対応を妨げる要因

　早期発見・初動対応がうまくいかず、課題のあったケースについてのテキスト分析の結果を視覚化したものが**図3**である。早期発見・初動対応がうまくいったケースとは顕著(けんちょ)に異なる特徴がみて取れる。以下、具体的にみてみよう。

　図3では「拒否」が最も大きい円を示している。すなわち、うまくいかなかったケースのほとんどすべてにおいて「拒否」がみられる。さらに、「拒否」は「受診」や「デイサービス」、地域包括支援センターによる「訪問」などとつながっており、相談から受診やサービス利用まで、各局面において登場していることがわかる。早期発見・初動対応がうまく進まない大きな理由は、本人による拒否である。

　次に特徴的なのは、**図1**および**図2**に比べて、地域資源に関わる主体がほとんど

図3　「課題のあったケース」についてのテキスト分析結果（webパネルによる視覚化）

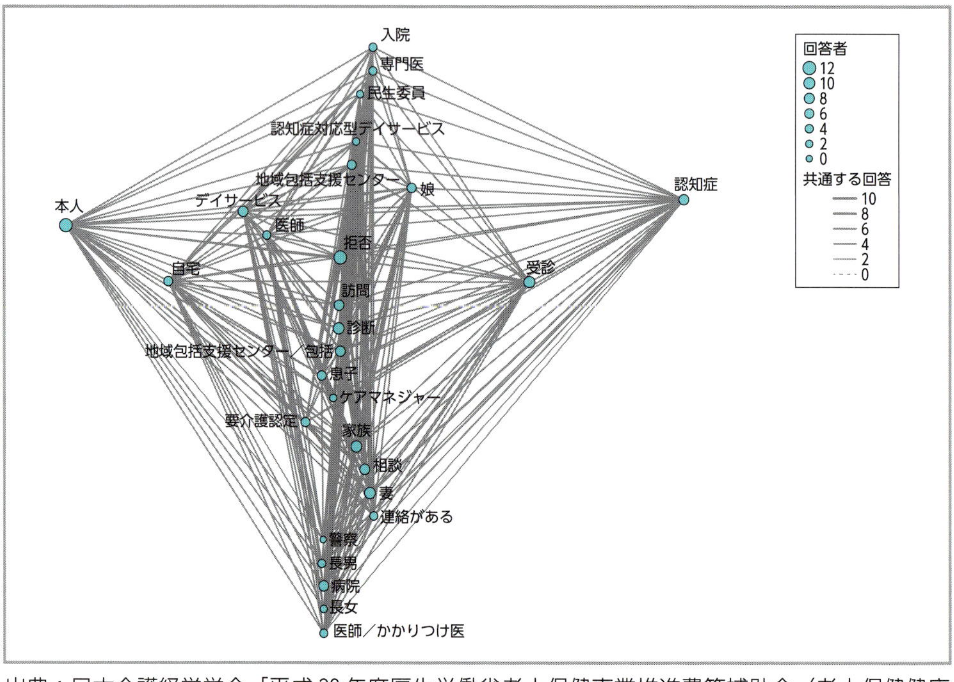

出典：日本介護経営学会「平成28年度厚生労働省老人保健事業推進費等補助金（老人保健健康増進等事業分）事業実施報告書 ―― 認知症の早期発見促進のための教育プログラムと早期発見を初期集中対応に連続化させる効果的手法の開発に関する調査研究」2017年、69頁

登場しないということである。地域サロンや介護予防教室といった集まりの場もそうであるし、商店、郵便局といったものも登場しない。家族についても共通点がある。早期発見・初動対応がスムーズに進んだケース群では、さまざまな家族の存在を読み取ることができた。しかしながら、それに比べると課題ケースについては登場する家族がそもそも少ない。本人が孤立している姿が浮かび上がってくる。早期発見・初動対応がうまくいかないもう一つの理由は「孤立」である。

一方で、地域包括支援センターは本人を含めてさまざまな人や機関とつながりをもっている。要介護認定やデイサービス、認知症対応型デイサービスといったカテゴリーにみられるように、介護サービス利用の手続きや具体的なサービス利用につなげようとするも、その多くは本人の拒否によってなかなか利用に至らない様子が読み取れる。

すなわち、早期発見・初動対応の阻害要因は「拒否」と「孤立」である。孤立は地域での孤立はもちろんであるが、家庭内での孤立もある。ふだんから地域の中の集まりに出掛けない、地域の見守りの目の中にいないといったケースや、たとえ家族がいたとしても、無関心といったケースもある。家庭や地域で孤立してしまっている人をどのようにして地域の網の目の中に引き込むか、招き入れるかということが課題である。

その他、関係機関の連携がうまくいかなかったケースもあった。かかりつけ医が認知症専門医につながなかったり、つなぐのが遅れたりといった課題である。ほかにも、長年かけてできた夫婦間の関係のありようによって、家族の理解や同行支援などが期待できないケースや、本人と配偶者と子といった3者間の関係がよくないといったことも、相談支援がスムーズにいかない要因の一つになる。また、本人の生活歴や仕事歴によって、周りからの助言をどう受け止めるのかについて違いが出るというケースもあった。それぞれのケースに共通しているのは、身内であっても他人であっても、専門機関であっても、他者との関係が希薄な場合に、サービス利用に向けた伴走者を得ることが難しく、スムーズな初動対応を進めていくことに困難を抱えるということである。

<注>
1) 本事例調査の対象の選定や実施方法の詳細については、日本介護経営学会「平成28年度厚生労働省老人保健事業推進費等補助金（老人保健健康増進等事業分）事業実施報告書――認知症の早期発見促進のための教育プログラムと早期発見を初期集中対応に連続化させる効果的手法の開発に関する調査研究」2017年、13～14頁を参照。

その4 「空白の初期」における早期発見と初動対応

「空白の初期」に関わる地域包括支援センターの活動

　認知症の兆候の早期発見と初動対応にとって、医療も介護サービスも入らない「空白の初期」段階が最も重要である。ここでは、社会福祉法人こうほうえんの米子市尚徳地域包括支援センター（以下、センター）の取り組みを参考事例として、「空白の初期」段階における認知症の早期発見・初動対応に地域包括支援センターが果たすべき役割を考えてみたい。

　センターは2006（平成18）年に開設された。開設時から、担当地域を知り、地域力をアセスメントすることに活動の重点をおき、地域に出向いて高齢者の生活実態の把握につとめてきた。センターに寄せられる相談のほとんどが認知症についてであり、しかも症状が進んだ段階での家族や周囲の方々からの困り事相談であった。

　相談への対応は、まずセンターのスタッフが地域に出向いて実情を確認し、その地区をよく知っている高齢の方や有識者に話を聞くことから始めた。家族だけではなく、地域の住民からの声やつぶやき、見たことや聞いたこと、心配なことなどを丁寧（ていねい）に聞き取り、相談案件が内包する課題を構造的に浮き彫りにすることに努めた。

認知症に関する理解と対応

　認知症の原因疾患（げんいんしっかん）の発症をきっかけに言動の変化や症状が現れたとしても、「年だから仕方ない」と見過ごしてしまい、本人と家族の生活に支障をきたすようになる。これが、症状が進んでからの受診・相談になる原因である。相談には次のような特徴があった。

・受診を勧めても本人の拒否がある。家族はどこへ受診すればいいのかわからずに迷う。
・かかりつけ医には相談に乗ってもらえず、そのまま経過する。
・かかりつけ医が専門医でないことから、兆候を見過ごしたり、正しい診断がで

きない。
- 生活状態の把握・アセスメントが行われず、症状が進行し、問題が生じてから、医療・介護サービスの連携が始まる。
- 本人や家族は認知症が疑われる兆候に気づき、不安に思っていても、自分たちで対応しようとし、かえって状態を進行させてしまう。
- 一人暮らしで周囲の目が届かない。
- 家族関係の希薄さから認知症への不安を表に出しにくく、状態の重大さを見過ごす。

つまり、兆候はとらえていても、そこで悪化を予防できず、生活の継続が困難になる構図が存在する。専門機関の連携以前の課題である。

3 地区にはそれぞれの特徴がある―地域を知る―

センターの業務エリアには三つの行政区がある。認知症の早期発見には地域特性が関係していることから、地区それぞれの特徴を理解することがセンターの役割形成にとって不可欠である。

A地区は、比較的新しい住宅街と古くからの集落が国道を挟んで分かれている。古くからの集落には農家が多く、住民同士の昔からのつながりが自然に受け継がれている。高齢になっても役割をもち元気で暮らしている。古くから住んでいる世帯のほとんどが3～4世代の同居で、空き家は少ない。このような元気でつながりをもった高齢者が、地域サロン事業や介護予防・日常生活支援総合事業において重要な役割を果たす可能性がアセスメントできた。

B地区は高台にあり、通院や買い物等の際に、徒歩で坂道を往来することが難儀な地形である。とくに地区内に食材や日用品を手に入れる場所がないことは、自動車を運転しない高齢住民にとって深刻な問題となっていた。

公営住宅が多いため住民の入れ替わりが激しく、横のつながりをもちにくいため自治会運営などが困難であった。30年前に団塊世代がこの地区に移り住み、長期居住者の高齢化が一気に進むことも予想された。団塊世代を支える20代から40代の人口が少ないため、人的資源不足も危惧された。団塊世代の方々が自ら役割を果たす意味が大きいとアセスメントした。

C地区は国道沿いで、病院や商店があり、公共バスの路線にもなっている。ただ

し、地区の面積が広く、国道から離れて暮らす住民にとっては交通の不便さがあり、地形的に集落そのものが孤立していた。中央部にある公民館を中心とした活動が難しく、集落の集会所単位での活動が大切だと思われた。在来の農業地域であるが、若い世代の共稼ぎが増え、高齢者の孤立化が深刻になっていた。

センターとしては、それぞれに直視すべき地区の現実に危機感をもち、ふさわしい活動を考案していくことが重要であると方針を立てた。

認知症への対応は、そのなかでも中心課題であった。地域のヒアリングから、どれだけの人が認知症を自分のこととして、家族のこととしてとらえているのだろうかという疑問に直面した。センターの本来の役割として、家族、地域、相談機関等が連携し、認知症の初期のちょっとした変化を見逃さないように、見守りの目として「お互い様」の意識を高めるネットワークづくりに着手した。認知症や認知症への対応方法について正しく理解する学習や教育の場、体調や生活の変化にさまざまな場面で気づきが共有できる場があることが大切だととらえた。

4 具体的な活動

A地区では、地域サロンを開設した。住民と協働で運営するサロンを目指し、センターは地域サロンの設置条件を確保し、運営基盤をつくるという後方支援の役割に徹することとした。そのかわりセンターとしてサロン内に「相談カフェ」を開設し、サロン活動の定着と介護・生活支援課題への開かれた対応体制をつくった。この地区には公営住宅もあり、閉じこもりがちな生活状況の方への対応が課題となった。通報で出向く民生委員、自治会の役員の方々との連絡・連携も重視した。

相談カフェへの相談件数は増加し、多様な生活条件の方々が来られるようになった。住民のなかから、相談カフェのサポーターも生まれた。相談カフェの事業範囲を拡げ、介護予防体操、認知症予防レクリエーション、おやつづくり、作品展示会などに取り組み、知ってもらい、気軽にきてもらえるような仕掛けづくりに努めている。参加者が「近所の人から相談を受けたので、このカフェの紹介をした。そこに相談に行ったらいいと言っておいた」とか、実際にカフェのチラシを見て来てみたとか、これまで地域内ではめったに顔を合わせない人が参加するようになった。

10年も経過すれば、協力してくれている住民の方々の暮らしぶりや活動条件にも変化が出る。地域サロン、相談カフェをしくみとして継続するためには、役割をもって一緒に活動できる住民有志を不断に育て、活動に定着していってもらうため

の関わりが一層重要になってきている。

　B地区では、高齢者数も増え続けており、これに伴い独居世帯、高齢者のみ世帯、空き家などが増加し、日常の買い物や交通の便の確保など他の地区に比べ問題が深刻である。そこで、センターの協力のもと、自治会が主体となり、住民有志が「支えあいの店」を立ち上げた。日用生活品の販売や個別の宅配も行っている。商品の購入のほかにも、集まる場所のなかったこの地区の井戸端会議の場所・心地よい居場所のような役割を果たしている。センターは、そこに集まる住民の生活や介護に関する相談を受け付けている。その延長で、この店に、空白の初期に対応する「オレンジカフェ」を立ち上げ、継続性をもったしくみとして居場所機能を強化することになった。

　C地区には、センターが音頭を取って集落ごとの集会所単位でサロンを開設した。全部で8か所にのぼる。相談のための「オレンジカフェ」も開設した。60代から70代の方々が中心となり、サロンの世話やきやオレンジカフェの運営を担っている。集会所を借用して開設した住民主体のサロンやカフェであることによる集まりやすさもあり、参加者の年代層も広く、参加者数も多い。身近なサロンとして定着してきた。

5 支え合いと連携

　地域住民や専門職、医療機関などがまったく入らない「空白の初期」において認知症を何とかしたいという思いがサロン／カフェの立ち上げにつながった。誰でも、認知症になっても自分らしく生きたい、仲間と集まって励まし合い、情報交換もしながら生活を継続したいという希望をもっている。家族にも、本人が変化していく様子や行動など受け入れ難い症状に対してどう向き合っていくのがよいのか、同じ立場の人と話し合いたいという想いがある。ここでなら話してもよいのだ、という気持ちになれることが大事である。

　カフェには地域の仲間のサポーターがいる。顔見知りの人がカフェにいるからこそ安心して来ることができ、世間話や雑談から「実は」という会話につながっていく。そうした日常空間の延長に、認知症への心の壁を取り除き、「空白の初期」をうまく埋めるきっかけがある。その場所が地域サロンであり、相談カフェであり、オレンジカフェである。

　一緒に大正琴やフラダンスの同好会に参加していた仲間が、この頃集まる時間

を間違えたり、来なかったり、夜に電話をして確認するようになり、そのような変化に仲間として心配しているという話がカフェで出た。構えた相談ではなく、何気ない会話のなかでのことである。専門職や家族は気づいていないのに、仲間が一番早く気づき、空白の初期を埋める役割を担ってくれていたのである。そうした日常空間からの情報が、自然に地域包括支援センターの活動の可能性を拡げ、地域に根差したセンターとして住民に寄り添うはたらきへとつながる。このことで、「空白の初期」段階の人を介護サービスの利用へとつなぐ連続の道筋がつけられるのである。認知症の進行を予防し、要介護の期間を少しでも短縮するための、さりげない下支えがセンターの役割の基本となるのである。

6 これから

　センターにとって、地域との協働に加えて、専門職関係者の仲間づくりも大切である。新たに薬剤師と協働する動きも出てきている。薬剤師は来店される人の情報をいち早くキャッチできる位置にいる。情報を医師に伝える身近な存在である。地域の薬局の薬剤師は、空白の初期を埋める役割を担うことができる。

　認知症への関心の高まりとともに、専門医の受診への精神的な垣根が低くなってきたと思われる。家族がちょっとした変化に敏感になり、物忘れ相談外来等へ早期に受診する。その際に、医療機関から行政経由で、あるいは直接に、地域包括支援センターに連絡が入ることも多い。連携ができている場合は、早い段階で本人への関わり方や支援サービス利用の調整を行うことができるようになってきつつある。診断、病状に合わせた治療、生活支援が行われるように、地域でいろいろな関係者のネットワークを拡げるための専門職の仲間づくりが重要だと考える。

　地域包括支援センターの役割として、空白の初期を埋める地域のネットワークを拡げることへの手応えは大きい。待ちの姿勢ではなく、地域へ出ていくことが大切なのである。「地域につながりをもたない人がいないようにする」という地域包括支援センターの空白の初期への活動は、共生型地域づくりの活動そのものである。

その5 地域包括ケアのなかでの初動対応と生活支援

1 地域包括ケアと社会福祉法人の地域貢献活動

　2006（平成18）年の介護保険制度改正以来、地域包括ケアシステムの構築に向け、各市町村において取り組みが進んできている。地域包括ケアシステムとは、市町村単位で計画的に進められるものもあるが、社会福祉法人が、専門人材、多様なサービスの事業とノウハウなどを包括的に地域に提供していくことも小さな地域包括ケアの取り組みになる。役割が拡大していくことが、すなわち、法人にとっての地域が拡大していくことでもある。

　介護保険制度事業の外側には、サービス利用に至る前の段階で、孤立に耐えていたり、生活の継続に課題を抱えていたり、認知症の初期の兆候に不安を感じていたりする住民に向けた支援領域が拡がっている。社会福祉法人として、そうしたサービス利用に至る前の、あるいはサービスに結びつかない方々の暮らしを包括的に支援することは、ある意味で特別法人たる本来の役割ともいえよう。事例として、社会福祉法人志摩会の取り組みを通して、地域包括ケアと認知症の早期発見・初動対応の関連を検討したい。そのなかで、「生活支援」とは何かを整理してみたい。

2 地域貢献活動チーム

　福岡県の西端に、2010（平成22）年1月1日に前原市と糸島郡志摩町・二丈町が合併して誕生した糸島市がある。社会福祉法人志摩会は、旧志摩町に本部を置く。福岡市の通勤圏ではあるものの、農業と漁業を主産業とする地域で、高齢化が加速している。2010（平成22）年4月に地域包括支援センターのブランチ（支所）事業を受託した。法人として地域包括ケアを推進するには、地域ニーズの把握と課題の整理が必要である。そのためには、法人から地域に出て、地域住民、地域高齢者の皆さんと、日常の生活場面においてできるだけ多くの接点をもち、リアルな情報を得ていくことが重要になる。

　そこで、2011（平成23）年4月に、地域貢献活動チーム（志縁隊）を組織することになった。これは3種のチームから成り、法人職員の有志によって構成される地域活動のための機動的なチームである。

「げんき志縁隊」は、各地区で自主的に運営されている高齢者サロン活動の支援を行うものであり、依頼に基づき数名の職員が出向いて、健康チェックや運動指導、健康維持のための助言や各種レクリエーション等のプログラムを提供する。

「せいかつ志縁隊」は、2006（平成18）年から始めた旧志摩町における配食サービスに関連して、独居高齢者や高齢者世帯の日常的な見守りと生活状況・ニーズの調査、日常生活上の困難への直接、間接の援助等を行う。

「オレンジ志縁隊」は、増加していく認知症高齢者を地域で支える基盤を構築することを目標として、地域住民の方々に対する認知症への理解を促進すべく啓発活動を行う。すでに2008（平成20）年から地域に向けた啓発活動は行っていたが、それをチームとして再編・組織化した。

それぞれ、活動の目的に違いはあっても、目指すところは在宅高齢者の生活継続に向けた支援であり、地域包括ケアシステムの理念と合致する。どのチームも施設を出て地域に出向き、各地の住民の方々と接することに重きをおくことから、"志"をもって地域に出向き、各地の住民の方々と"縁"を結ぶ」という意味を込めて"志縁隊"と命名された。

活動を始めてみると、さまざまな情報が寄せられることになる。それをどのように具体的な支援活動に展開するか、という課題に直面することになった。課題には、個人の生活支援もあれば、地区の抱える生活環境への対応もあった。

「せいかつ志縁隊」が配食で自宅訪問した際に感知できる利用者の変化や生活環境上の改善点、あるいは「げんき志縁隊」が地区のサロンに出向いた際に気づいた参加者の様子やそこで得た近所の方々の社会生活上の問題等を、法人本部内に設置されている地域包括支援センターのブランチとしての「支援センター」に一括集約し、組織的に分析・協議する場とした。支援センターは行政の出先機関としての立場を有し、対象者の情報を把握しやすい（当然、個人情報保護に基づく守秘義務遵守のうえではあるが）こともあり、家族をはじめとした血縁者や他の専門機関等への連絡も比較的容易である。動きやすさのある支援センターが、早期発見ケースの初動対応の拠点となったわけである。

③ 地域支援とネットワーク

実際に初動対応を展開していくにあたり、地域内の人や施設や財といった社会資源を熟知し、綿密なネットワーク基盤を構築することが課題になる。本人が認知症

状の自覚に欠け、受診や相談に拒否的な場合、専門機関の担当者は直接に介入し難い。虐待事案では、行政の担当者を伴って介入すべき状況もある。ケースの状況と課題を詳細に分析したうえで、どこに相談して、誰がどう動くのかを検討し、実行に移していくことになる。その際に、本人の居住地域の豊富な人的社会資源は大きな支えとなる。なじみの間柄にある人物からの接触であれば、安心感をもって受け入れる可能性が高くなる。

そうしたネットワークの基盤は、事が起こってから築くのでは初動対応に役立たない。地域包括支援センターの担当職員は、日頃から地域に出向いて情報の収集や顔の見える人脈の構築に取り組む必要がある。早期発見につながる気づきや兆候が情報として寄せられた際、本人の暮らす地域の民生委員や福祉委員、行政区長・町内会長等の役員、近所の方々にさらなる情報提供の依頼や相談、協力依頼等が遅滞なく行える状況にあれば、それがすなわち初動対応における生活支援に直結することになる。みんながバラバラにもっている情報をもち寄り統合することから、初動対応の方針や方向性がみえてくる。地域包括ケアシステムには、そのような意味での「互助」の概念を組み込んでおく必要がある。

実際に、身近な住民の方々の協力によって課題となっていた生活支援が達成された事例は少なくない。配食サービスで毎日訪問する機会をもつ「せいかつ志縁隊」の活動を通して、地域ぐるみで生活の立て直しに至った事例も存在する。「生活支援」とは、メニューやプログラムではなく、その人の抱える課題に対し、本人の生活自立環境を回復し、生活の主導権の再獲得を支援する具体的なアクションのことである。利用可能な豊富な資源の選択肢の存在や、融通性に富む地域ネットワークのはたらきは、そうした具体的なアクションの設計に不可欠な要因である。

4 認知症と地域包括ケア

そうした地域住民の関係性を基盤とした「互助」のしくみのなかにあっても、認知症が対象になると、支援の手が差し伸べにくくなるという実態もある。認知症への抵抗感や関わりたくないという敬遠を認知症スティグマの低減という方法で緩和し、早期発見・初動対応の生活支援のプロセスを円滑にすることが、結果として地域包括ケアシステムの「互助」のしくみを強化することとなる。地域貢献活動チーム「オレンジ志縁隊」は、この基盤づくりの推進を目的にしている。

要点は、地域資源による認知症の人への間接的な支援を強化することにある。間

接的な支援とは、安否の確認、遠目での見守り、異常時の家族や専門機関への連絡などである。一定の生活能力を有する認知症の人の場合には、補足的なサポートを行うことで現在の生活を継続することができる。認知症サポーター養成講座においては、実際のそうした間接的な支援によって生活を維持できている事例などを紹介しつつ、認知症サポーターとして自分の住む地域で柔らかな活動を心がけてもらうように助言している。援助者として構えるのではなく、同じ地域生活者の目線で日常的な関わりのなかで成し得る"ちょっと手助け"という心がけをもってもらえるよう意識づけている。

周囲の方々を援助者として逃げ場のない立場にしてしまうと、重責感から萎縮してしまったり、踏み出せても継続することを困難にしてしまう。岐志浜という海辺の地区で空き家になった地元の名家を借りて「おこもりカフェ岐志浜」という地域開放型のサロン活動を実施している。継続的に運営に協力している地元の個人ボランティアの方々にとって、こうした"ちょっと手助け"感覚が重要な心理的要因になっていると感じている。

支援体制の構築においては、支援対象となる方々の状況や課題に焦点が優先してあたることになるが、支援する側に偏った負担が集中しないような配慮や支援に向かう当事者意識のあり方への配慮が必要である。その視点を欠くと、結果的に脆弱な支援体制になってしまう。

5 これから

地域貢献活動チーム「志縁隊」と地域包括支援センターとの連携に基づく生活支援は、今後も拡充を図っていく。そのために、2014（平成26）年に法人本部に「地域包括ケア開発室」を設置した。取り扱う検討課題ごとに適任者を各部署より選任して、プロジェクト・チームを組織する。2015（平成27）年度からは、地域包括支援センターがその担当圏域における小学校区ごとに、地域課題を検討する目的で開催する地域ケア会議に地域包括ケア開発室として参加し、それぞれの地区内のニーズ情報の吸い上げを行っている。

図1は、社会福祉法人志摩会として、法人としての地域包括ケアを拡大しながら、地域内の生活支援の必要性に対し、初期段階から関わりをもつためのしくみについて、今後の展開方向をまとめたものである。「新規」とある認知症カフェは、「認知症」の看板を掛けずに「おこもりカフェ岐志浜」としてすでに発足している。

社会福祉法人としての地域包括ケアは、資源の空白の初期段階から早期発見を促し、最後まで一気通貫で生活の継続を支えることのできる地域資源のネットワークを組織し、個別的な課題に対応した弾力的で機動的な生活支援サービスを繰り出していくことにある。

図1　今後の展開方向

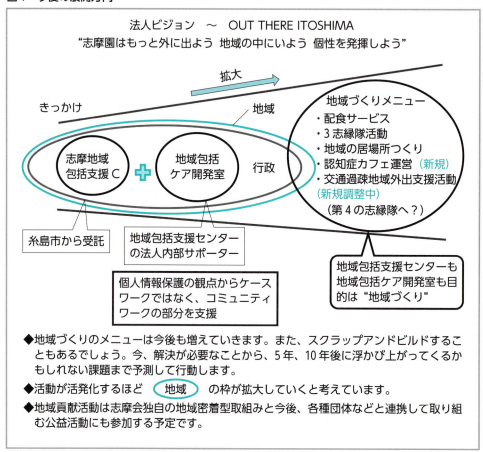

出典：社会福祉法人志摩会「志摩園だより」第50号、2016年

その6 認知症の人への「日常生活支援」

1 「日常生活」のとらえ方

　日常生活とは、毎日の時間の経過とともに坦々と繰り返される暮らしのことである。認知症の人を含め、どのような身体的・精神的状態にあろうとも、この点では同じ日常生活である。ただ、認知症の人の日常生活を考える際には、本人の生活行為と周りの家族や友人、職場の仲間や地域の生活との間に生じる何らかの困難への配慮という視点が重要になる。認知症の人の日常生活を考えるためには、本人の行為の遂行能力はもとより、その本人からみたあらゆる生活場面の生活のしづらさについての環境要因なども含め検討することが必要である。

　本人の行為の遂行能力については、「日常生活動作」（Activities of Daily Living：ADL）の視点から、食事や排泄、整容、移動、入浴等の基本的な行動遂行能力が実際の生活場面でどのように現れるかに着目する。加えて、「手段的日常生活動作」（Instrumental Activities of Daily Living：IADL）の視点から、買い物、掃除・洗濯など家事全般、金銭管理、服薬管理、外出して乗り物に乗ることなど、より複雑で高次な生活動作の能力が実際の生活場面でどのように現れるかに着目する。最近では、趣味のための活動もこのなかに含まれると考えられるようになってきている。日常生活では、ADLおよびIADLそれぞれの一連の動作が、本人の目的と意思に応じて時間経過に沿って連続的に構成される。その構成のされ方が周囲の他者から認識され、他者との関係性の文脈が入ってくると、「生活のしづらさ」といった評価が生まれることになる。

　そこで、認知症の人の日常生活では、ADLおよびIADLが自分自身で困難や不安を伴わずに遂行できるかという視点、および、どのような文脈で他者の関わりが求められるのかというとらえ方、が必要になる。単に「できる」か「できない」かといった心身機能的な評価ではなく、本人の日常生活を送るうえで、本人にとってその行為が必要であって、それを遂行することについて困難さが確認される場合に、どのような支援が必要かという視点が重要になる。

　例えば、足腰が弱ってきたという場合、家の中での移動は1人でできるので、食事や排泄などに支援は必要なく、歩行も杖などの補助具を用いてできるため、近所の買い物なら可能である方が想定される。「できる」とみなせば、支援は不要だと

評価され、時間経過とともに低栄養状態に陥り、生活衛生のレベルも低下する可能性がある。身体機能的に歩行が可能で、買い物に出かけているからといって、本人が望む日常生活を送ることができるとは限らない。認知症の人の場合には、買い物ができているかどうかも大切なことではあるが、買い物の内容やその後の調理などについての詳細な評価がさらに必要なのである。

「している」からといって、日常生活を円滑に送るうえで必要なことが「できている」とは限らない。身体的な動作を構成する、目的と動作との関係や、段取り・手順といった日常生活の流れに沿って評価される動作遂行能力のあり方とその本人にもたらされる結果の確認が必要なのである。

2 時間軸を入れて考える

認知症の人の日常生活をADLの視点から具体的に検討するには、生活の時間軸や生活の場面に着目する必要がある。朝起きてから夜寝るまで、寝た後の夜間も含めた24時間としての1日の過ごし方、日曜日から土曜日までの1週間の生活、そして1か月の生活、四季を通した年間の暮らし、それにライフステージといった時間軸のなかで、その人自身の生活の円滑な流れや人生の実現を考える必要がある。行為の困難さの評価も、その人の生活や人生の達成という基準に沿った検討が必要である。

単に食事や排泄、入浴といった最低限の生活を送るための基本行為ができているかではなく、その人の人生、生活場面において、豊かで不安のない日常生活を送るうえでどのような支障が、どのような様相で、どの程度深刻に生じているのかといったことを俯瞰的に、かつ複眼的に見つめる視点が大切である。

認知機能が低下すると、本人が理解した状況と現実とが異なるという事態が発生する。家に向かって歩いているつもりが、実は逆方向に歩いている。大切な物（例えば、財布や預金通帳、家の鍵等）を実際は自分でしまっているにもかかわらず、どんなに探しても見つからない。そのような場面に本人は、強い焦燥感を感じており、焦燥感や混乱が続くと、不安感やストレスにつながり、それを理解してくれない周囲への怒りへと高じていく。相手から理解されることをあきらめ、引きこもってしまうこともある。

特に認知症の初期では、正常と症状の間のグレーゾーンを行ったり来たりしている状態が多い。その段階で、共感・受容・傾聴など理解ある接し方をされないと認

知症は進行してしまう。そればかりか、間違いを指摘する、指導する、教育する、叱責するなど、本人に対する接し方を間違えると、認知症の進行ばかりか、人間的な関係の基本が崩れてしまう。

在宅で一人暮らしをしている、家族と同居しているが一緒に過ごす時間が少ない、生活がパターン化されていて元々本人の役割が少ないなどの場合、周囲が認知症の初期兆候（本書では「かも知れない兆候」）に気づかないで看過されることが多い。このようなときは、本人が理解した状況と異なる事態が発生していることに、周囲が気づきにくい。そこで、周囲が「かも知れない兆候」を基本的な知識として理解し活用することで、気づきの促進につながる可能性が期待される。家族、友人・知人や地域では、それぞれ相互に個人について関心をもつ、尊重することが必要である。また、ふだんから自身で意識的に家族を含めた他者・社会とのつながりをもち、事前に「かも知れない兆候」を学習しておくことにより、違和感に気づきやすくなるだけでなく、周囲との共通理解が促されることで不安感の低減も期待できる。

３ 日常生活は一人ひとりのもの

個人は、それぞれの日常生活を送っている。その人にとっての日常生活が支障なく送れているかについての気づきが必要である。施設や在宅介護サービスを利用していても、認知症の進行について看過される場合が多い。気づいたときには、すでに認知症状が進行していたということがある。サービス利用開始時には認知症状がなく、身体機能や家族の支援体制など環境的な要因でサービスの利用に至った利用者の場合、サービスの提供がパターン化されている。機能訓練や生活リハビリテーションなどが重視され、サービス提供時の通常のコミュニケーションには不都合がみられないために、認知症状について再アセスメントやモニタリングがなされない場合もある。初期の症状が見逃される原因である。

ベテランの介護職員であっても認知症に関する基本的な教育を受けた時期から相当に時間が経過していて、基本的な理解が更新されていない場合がある。フォローアップ研修において接遇などの具体的、実践的な知識や技術の研修は行っていても、進歩する認知症に関する知識や理解の更新が追いついていないことが多い。

例えば、アメリカ精神医学会（American Psychiatric Association：APA）が2013年に公開した『精神障害の診断と統計マニュアル 第5版』（DSM-5）におけ

る、六つの認知領域（ドメイン）を正確に理解し、いずれか一つでも障害が生じていれば、「神経認知障害」（Neurocognitive Disorders：NCDs）と診断されることを認識し、早期に発見し、初期段階で集中的に支援するなどの知識の更新が期待される。具体的には、①複雑性注意（complex attention）、②実行機能（executive function）、③学習と記憶（learning and memory）、④言語（language）、⑤知覚－運動（perceptual-motor）、⑥社会的認知（social cognition）[1]のどれか一つでも低下がみられた場合、専門の医師や地域包括支援センターへの連絡など支援の展開を図るべく、本人や家族、支援者等と日常生活を維持するための初動対応の調整に入ることが重要である。

4 年齢層を超えた「日常生活」への支援

　認知症は高齢者のみに限られるものではない。若年層にも出現する。若年であれば、家庭内での日常生活に加えて、現役の職業人としての生活や子育て中のお父さんやお母さんという日常の役割がある。親としての役割はその人のライフサイクルのなかでも重要で、子どもの生育環境や人生形成にも影響する。若年層や職業人、父親・母親といったそれぞれの生活のなかにおける役割の属性を考慮した環境アプローチや社会・地域のそのような視点での理解の促進が必要である。

　まずは、家族、友人・知人・職場の仲間、地域の方々が若年性認知症に関する正確な知識をもち、そのうえで、本人に固有の生活運営のスタイルや役割を理解し、これまでの日常生活を継続することを目的に、協力して配慮していくことが大切である。すべては、本人のふだんの日常を継続することにある。本書のPart 2「その6　地域包括支援センター認知症早期発見・初期集中支援標準マニュアル」で取り上げる「かも知れない兆候」を理解し、変化に気づいたら、本人との良好なコミュニケーションを心がけ、状況を相互に確認し合うことが必要である。地域包括支援センターや、自治体によっては在宅介護支援センター、介護予防センターなどの関係専門機関に早期に相談することが有効で、躊躇なく相談できる関係性や相互理解のふだんからの醸成が重要である。

　認知症の人への日常生活支援とは、本人が日常生活を営むうえで必要としていることを支援することであり、個人を尊重することである。過度に保護的になって、過干渉・過介護にならないことである。

　これは、障害者福祉分野で用いられているノーマライゼーションの考え方に近

い。本人の自律的な意思決定や希望、納得を尊重し、本人の参画と自己表明を妨(さまた)げないという人間関係における当然の原則を、認知症になったからといって変えないことである。認知症ケアマッピング（Dementia Care Mapping：DCM）の根拠にあるパーソン・センタード・ケア（person centered care）の考え方においても、自分でできること、自分の役割感、自分のやり方、そして自尊心を尊重し、促進するという原則がある。認知症の人の家族や介護職を含む周囲の方々が、日常生活を冷静に観察し、本人のプライドや感情表現の特有の慣用性を認識し、本人に内在するその人の生活文化を理解することで、初めて、本人の立場に立った支援というパーソン・センタード・ケアの理念が実践されることになる。

<注>
1） Part 1「その1」の＜注＞5）を参照。

その7 地域包括支援センターを調整弁とする認知症初期集中支援

1 地域包括支援センターへの聞き取り調査

　地域包括支援センターは、法制上は、市町村が設置主体となり、保健師・社会福祉士・主任介護支援専門員（主任ケアマネジャー）等を配置して、3職種のチームアプローチにより、住民の健康の保持および生活の安定のために必要な援助を行うことにより、その保健医療の向上および福祉の増進を包括的に支援することを目的とする施設である（介護保険法第115条の46第1項）。その主な業務は、市町村が実施する地域支援事業のなかの包括的支援事業に位置づけられた「地域包括支援センターの運営」であり、内容としては、①第1号介護予防支援事業、②総合相談支援業務、③権利擁護業務、④包括的・継続的ケアマネジメント支援業務である。包括的支援事業には、地域包括支援センターの運営のほかに、在宅医療・介護連携推進事業、生活支援体制整備事業、認知症総合支援事業、地域ケア会議推進事業があり、多くの場合、地域包括支援センターは、これらの事業の推進にも役割を負っている。制度横断的な連携ネットワークを構築しながら、これらの事業を創造的な方法で進めているのである。

　認知症の早期発見から初期集中支援へスムーズに移行することのできた事例と早期発見はできたが初動対応につなげることができずに課題を残した事例の双方について、地域包括支援センターの主任ケアマネジャー、保健師、社会福祉士を対象に、事例の特徴、早期発見の経路、地域包括支援センターの対応方針、初動体制、初期集中支援の内容と成功要因、初動失敗の原因に関する聞き取り調査を実施した。加えて、地域包括支援センターと日常的に連携して早期発見・初動対応にあたっている居宅介護支援事業所の介護支援専門員（ケアマネジャー）および地域在宅医療・介護連携支援センターの医療ソーシャルワーカーに、認知症ケース情報の取り扱い方針、地域包括支援センターとの連携体制、連携の経路と方法、医療支援と介護支援の組み立てに関する考え方に関する聞き取り調査を実施した。

　調査に際しての倫理的配慮については、日本介護経営学会研究倫理指針に従っている。

　聞き取り対象となった地域包括支援センターは、すべて社会福祉法人の受託するものであった。必置3職種の配置で運営されるセンター3か所と必置職員のほかに

上乗せ人員としてケアマネジャー、コーディネーター等を配置しているセンター2か所であり、それぞれ、異なる地域性や立地条件となるよう選定した。

2 「早期発見」「初期集中支援」の考え方と学習・啓発

　認知症の「できる限り早い段階からの支援」(いわゆる、「早期発見」「初期集中支援」)は、国の「認知症施策推進総合戦略～認知症高齢者等にやさしい地域づくりに向けて～(新オレンジプラン)」の柱となっている。早期の適切な医療的診断と投薬管理、予防・回復促進的な介護サービスによる支援が本人の生活の自立を維持し、在宅での生活の継続を可能にするために有効であるという臨床的知見を根拠にした施策である。初期集中支援は、早期発見を前提にしている。早期の発見がなければ、初動から初期の適切な支援はない。

　認知症の人への社会的支援は、本人の自立した生活をできるだけ維持することを目的とするものであるから、「早期発見」の「早期」は、自立した日常生活の維持を妨(さまた)げるようなこれまでとは異なる変化が本人に現れるタイミングのことである。

　そのような生活行為上に現れる変化の初期兆候のことを、本書では、「かも知れない兆候」と定義している。「かも知れない」というのは、「兆候」に対する本人や周囲の主観的な気づきのことである。「兆候」とは日常生活において感知されるこれまでとは異なる小さな変化や異常のことを意味する。「段取りが計画どおりうまくできなくなってきた」「状況に応じた動作ができ難くなってきた」「くどくど、同じことを何回も繰り返すようになった」「身だしなみを気にしなくなった」などの日常生活の自立性に関わって生じる変化のことである。アメリカ精神医学会(American Psychiatric Association：APA)の『精神障害の診断と統計マニュアル第5版』(DSM-5)は、①複雑性注意(complex attention)、②実行機能(executive function)、③学習と記憶(learning and memory)、④言語(language)、⑤知覚－運動(perceptual-motor)、⑥社会的認知(social cognition)[1]の六つの認知領域(ドメイン)に着目し、いずれか一つでも障害兆候が確認されれば、「神経認知障害」(Neurocognitive Disorders：NCDs)と診断することにしている。本書にいう「かも知れない兆候」はこれに近い定義である。

　こうした、「かも知れない兆候」の生じる段階は「空白の初期」と呼ばれる。介護サービスや医療サービスの利用に先立つ段階であり、かつ、介護予防・日常生活支援総合事業が十分に成熟していない、資源の空白状態がある。この段階に「早期

発見」が妨げられる要因としては、簡易にアクセス可能な医療・介護情報や相談窓口情報の不足、本人や家族による変化の兆しの見逃しや軽視、病識の不足、かかりつけ医の認知症に関する知識不足など、多様なものが想定される。日常生活が継続できている軽度認知障害（Mild Cognitive Impairment：MCI）も、日常生活支援の必要性からとらえるとこの段階に入る。

　この「空白の初期」の段階に着目して、介護サービス事業者が介護保険制度外の地域日常生活支援サービスを展開したり、社会福祉法人による地域公益事業の取り組みが拡がったりしている。NPOや地域組織による生活孤立防止のためのネットワーク支援も展開している。地域内に多様な耳目の網を張り巡らせることが、認知症の早期発見、見逃し防止に有効であろう。「空白の初期」における「かも知れない兆候」を捕捉する地域力を向上させることが有効であるが、そのためには、少なくとも三つの不可欠な条件がある。

❶　「かも知れない兆候」について、一般市民や医療・保健・介護福祉関係者や商店・金融機関など地域生活を支える経済的インフラ・サービスに関わる方々が、認知症に関する知識と症状の洞察方法を学習するための多様な機会が整備されること。その際、一般市民については高齢準備層や親世代の介護準備層など一般にシニア世代と呼ばれている世代や民生委員と顔合わせの機会が多い地区・町内の役員層を、医療・保健・介護福祉関係者については経験3年未満程度のいわゆる若手層を、また、スーパーマーケット、コンビニエンスストア、商店、金融機関などについては接客・接遇業務に携わる従業員とその直属の管理者クラス層を重点にすることが有効である。また、警察職員、消防職員など業務内で認知症の人にかかる案件を扱う頻度の高い公務についても、業務特性に即した学習が不可欠である。

❷　「かも知れない兆候」を捕捉した家族や近隣住民が、兆候を、誰に、どのように、伝えたらよいのかに関する一本化されたわかりやすい情報が、日常生活に浸透するような方法で、繰り返し広報されていること。ポイントは、家族や近隣住民が行動を躊躇したり自分たちで解決しようとしないこと、医療と介護・生活支援が一体で調整されることが必要であること、医療、介護予防、家族調整も含む日常生活支援を一体で相談・調整する機関として地域包括支援センターがあることが要点となる。地域によっては、地域包括支援センターのエリア内に介護予防センターや担当保健師を置いているし、地域包括支援センターのほかに在宅介護支援センターが重要な役割を担っている。民生委員を通じてこれらの機関につ

ないでもらうこともでき、地区・町内会役員が民生委員の連絡先をわかっていることなど、兆候を捕捉した後の初動に活かすことのできる情報を浸透させることが重要である。

❸ 「かも知れない兆候」のような初期段階の情報に加えて、これまでの生活の継続を困難にする兆候がみられる認知症のケース情報は、実際には多様な経路で表出する。かかりつけ医への相談、専門医療機関の受診、行政窓口への相談、介護サービス事業所でのサービス利用途上での気づきや利用者家族に関する相談、防犯・防災に関わる警察・消防での把握、金融機関窓口における接遇上の困難、スーパーマーケット・商店などでの買い物内容の不自然な客への対応、消費者被害の相談、ゴミ出し・清掃など日常生活に生じる異変への近隣の気づきなど多様である。ケースの最初の表出場面は多様であるが、ケース情報は必ず介護サービスの利用につながる経路で集約される。つまり、地域包括支援センターに直接に、あるいは在宅介護支援センターや地域のケアマネジャーを経由して地域包括支援センターに、情報が集約される。したがって、地域包括支援センターの所在、役割、アクセス方法など、地域包括支援センターを身近なものにするための情報提供が不可欠である。

3 認知症早期発見の経路

認知症ケースの早期発見・情報集約の経路は次の7通りであることが調査からわかっている。認知症のケース情報は、必ず、地域包括支援センターに届くことも判明した。医療機関ですでに対応が開始されているケースであっても、要介護認定申請や介護保険サービス利用につながる段階で、行政の担当課経由か、ないしは医療機関の地域連携室等を介して、必ず地域包括支援センターに情報が届く。

経路1・本人からの相談

本人からの相談には、大きく二つのパターンがある。一つは、早期の段階で本人も家族も兆候に気づき、家族の支えを得て、本人から訴えが出てくる場合である。

もう一つは、同居家族がいない、同居家族や近居家族がいても家族内で本人が孤立している、地域との付き合いが薄い、近隣住民から民生委員に相談があり民生委員から介護保険の利用を勧められているなど、認知症の進行に伴い生活状況が悪化する条件が存在する場合である。本人は、認知症かもしれないという不安とともに、周囲から助けてもらえないことに不安をもっている。あるいは、家族が家庭内

のことを外に出したくなく、本人の状態を放置してしまっていることに対し本人が不安を抱き、自ら行動するという場合も多い。

経路2・家族からの相談
家族が自分たちで対応可能と判断し抱え込んでいたが限界になり、相談に至る場合が多い。相談後に家族の関わり方が低下する可能性が高い。配偶者、娘、嫁、孫などから相談がくるときには、息子の存在や関わりの様子に問題があることが多い。息子の嫁が比較的早く行動する。息子が相談にくるときには、すでに受診し、医師から指示が出ている可能性が高い。

経路3・医療機関からの連絡
医療機関から直接連絡があるか、あるいは、医療機関からサービス提供事業者に連絡があり地域包括支援センターにつながるケースで、家族の見逃しや非協力が背後にある場合が多い。入院中に地域連携室から地域包括支援センターに連絡があるケースでは、医療的な経過観察やリハビリテーションとの連携の必要性が生じていることが多い。

経路4・地域からの連絡
民生委員、商店、警察、消防、金融機関などから直接連絡があるケースで、生活の孤立、家族の見逃しや非協力により、すでに状態・経過が複雑になっていることが多い。

経路5・介護サービス事業所やケアマネジャーからの連絡
すでに家族の一員が介護サービスを利用していて、その延長に、別の一員の認知症に関する相談が持ち込まれるケースで、家族情報がわかっていることから、介護サービス事業所やケアマネジャー、地域包括支援センターが初発から協力・連携して介入しやすい場合が多い。

経路6・行政の窓口からの連絡
困難なケースや開業医経由のケースが多い。地域包括支援センターとしては、早急に本人・家族情報を収集する必要がある。

経路7・地域包括支援センターによる発見
介護教室や認知症スクリーニング事業の機会に発見される、あるいは地域とのふだんからの情報交換のなかで民生委員や区長などから持ち込まれるケースがかなり多くある。地域包括支援センターの日常的な地域へのプレゼンスの活発さや、地域連携の拡がりや質が関係している。

このように、地域包括支援センターに情報が届く経路は七つあり、経路に応じてケースの傾向に特徴があることに加え、どの経路も必ず地域包括支援センターが情報ゲートウェイの機能を果たしている。医療機関のソーシャルワーカー、民生委員、カフェ・サポーター、居宅介護支援事業所のケアマネジャーに対して補完的な聞き取りを実施したところ、集中支援の調整やその後の支援の展開を考えれば介護保険サービスにつなぐ道筋をつけることが必須（ひっす）となるので、道筋の調整弁としての地域包括支援センターに必ず情報を送ることになるという実態がわかった。

4 地域包括支援センターをワンストップの調整弁に

　地域包括支援センターは、介護保険制度上も、地域ケアの実態においても、認知症のことなら何でもワンストップで対応可能な調整弁としての役割（ゲートオープナーの役割）を有している。地域包括支援センターの実情として、保険者の直営か委託か、委託条件や人員配置の内容、受託主体である事業者の事業全体におけるセンターの位置づけなどに、かなりの幅がある。また、新オレンジプランにおいては地域包括支援センターと認知症サポート医等の専門医との連携を核にするチーム対応が想定されているが、実際には、認知症サポート医の存否や認知症専門医の配置状況、かかりつけ医の認知症診断力、専門医療機関の医療ソーシャルワーカー等の橋渡し部門と地域包括支援センターとの連絡調整ルートの組織のされ方など、実態として相当の幅が存在する。本書のPart 2「その6　地域包括支援センター認知症早期発見・初期集中支援標準マニュアル」（以下、「標準マニュアル」）に沿った業務の標準化を進めることで、ワンストップ調整弁としての役割の強化が期待される。

　地域包括支援センターは、未受診者であれば認知症疾患医療（にんちしょうしっかんいりょう）センター等の専門医による診断と薬理処方につなげ、原因疾患の状況の把握と医療的経過管理を介護サービス・生活継続支援サービスと一体で組み立てることになる。介護保険制度上の未認定者であれば認定・サービスの利用につなげ、基本的な支援方針の決定と支援サービスの組織化にスムーズに移行することを調整する機能を有している。一体的・連続的に関わることのできるワンストップの調整弁を置くことで、ケースの時間経過に伴うリスクの増大や各関係当事者の分散的な関わりのリスクを防止し、効率的かつ効果的に初期集中支援の初動体制を編成することができる。

5 認知症早期発見・初期集中支援標準マニュアル

　地域包括支援センターが認知症の早期発見・初期集中支援に円滑に取り組むことができるよう、参考となる「標準マニュアル」を策定するために、「空白の初期」段階における「かも知れない兆候」ケースの発見、発見から初動対応への連続的な移行、初期集中支援チームの運営ノウハウ、困難ケースの取り扱いなどにおいて、高い実績を有している5か所の地域包括支援センターにご協力いただき、早期発見・初期集中支援の好事例の綿密な分析を実施した。「標準マニュアル」には、認知症ケースに関して職務能力の高いセンター職員の暗黙知と地域包括支援センターとしての経験知が整理されている。聞き取りでは、なぜ、そのような判断や行動を行ったのかについて、その根拠となる考え方や価値感を同時に分析している。また、そのような行動が支援を成功させるうえで有効であったことを裏づけるアウトカム評価も聞き取りしている。認知症早期発見・初期集中支援の「標準マニュアル」は、暗黙知や経験知をどの地域包括支援センターでも実施できるよう形式知化した内容になっている。業務の標準手順書として活用するほかに、新規配属者に対する初任者研修テキストとしても活用できる内容となっている。

　「標準マニュアル」は、「早期発見」の考え方の理解から始まり、ケースの継続的モニタリングまで、全体で13のステップから構成されている。

　まず、「早期発見」の意味を、生活継続にとってリスクとなる兆候が現れた時点が「早期」であり、「発見」とは支援サービスのゲートを開ける「行動」のことであると定義する（ステップ1）。そして、「早期発見」に連続する「初期集中支援」の内容を確認する（ステップ2）。

　早期発見の段階は、養護者（介護者）支援や消費者被害防止の手立てをとるべき段階でもあることから、初期集中支援と並行して、医療・介護サービス以外の日常生活継続にとって最も基本的な支援を展開すべきことを説明する（ステップ3）。

　次に、早期発見を促進するために、「空白の初期」段階に地域包括支援センターとして積極的に関わることの意義と方法について説明する（ステップ4）。同時に、認知症の「早期発見」のきっかけとなる日常生活における気になる初期兆候（「かも知れない兆候」）のリスト（ステップ5参考）を示しながら、初期兆候のイメージと初期兆候を見逃さないための行動を説明する（ステップ5）。「かも知れない兆候」のポイントは2点ある。一つは、判断基準の簡素化である。六つの認知領域（ドメイン）のどれか一つに変化の兆候がみられたら、それが「かも知れない兆候」

であることを強調している。もう一つは、具体的な「かも知れない兆候」の参考リストの簡素化である。「かも知れない兆候」には、本人が自覚できるもの、家族が観察できるもの、地域の人たちが気づくものがあることを例示している。

　早期発見情報が地域の各方面から地域包括支援センターに届けられる前提として、ふだんからの地域への顔見せや、地域とのつながりがある。その重要性と具体的な連絡・情報交換先を整理している（ステップ6）。

　地域における認知症の多様な学習機会や認知症サポーター養成の重要性を確認したうえで（ステップ7・8）、地域包括支援センターに届くケース情報の特徴を整理している（ステップ9）。ケースが届いたら初動となるが、その際、介入を成功させるうえで重要な判断のポイントを示している（ステップ10）。

　初動後は初期集中支援に移行するが、その際、認知症の症状が初期段階で発見されたケースと、症状が顕著になって生活障害がすでに発現しているケースとでは対応が異なることから、その要点を整理している（ステップ11）。

　早期発見されたにもかかわらず初期集中支援に進めないケースの典型は、拒否がある場合である。拒否理由は4類型に分かれることが事例調査から明らかになっている。その背後には、人間関係や生活歴に関わる心理的な環境条件がある。これを踏まえて、拒否状態を解きほぐす視点と方法をまとめている（ステップ12）。

　地域包括支援センターの役割は、ケアマネジャーにケースを引き継いで終わりではない。ケースの継続的なモニタリングの重要性をまとめている（ステップ13）。

<注>
1）　Part 1「その1」の<注>5）を参照。

Part 2

実践的ラーニング・プログラム

ガイダンス

　Part 2は、認知症の早期発見と初期集中支援を促す効果が実証された「学習プログラム」と、地域包括支援センターがワンストップの調整弁となって早期発見・初期集中支援をよりよく進めるための業務の「標準マニュアル」から構成されている。

　「標準マニュアル」は業務マニュアルであるとともに、地域包括支援センターの職員の「学習テキスト」としても活用できる内容に工夫されている。

　具体的な内容の概要は以下のとおりである。

＜その１＞

　学習効果を最大にするためのプログラムを解説している。

　学習方法は、テキストを用いた知識習得の学習と認知症の人との共活動体験学習とに分かれる。二つの方法を組み合わせることで効果は高まる。いずれか一方の学習方法でも、十分な効果がある。

　学習の形式としては、地域で開催される講座、職場での研修、それにテキストを用いての自己学習がある。

＜その２＞および＜その３＞

　＜その２＞は市民の方々向けの「学習テキスト」、＜その３＞は介護現場で働く職員の方々向けの「学習テキスト」になっている。

　市民の方々向けのものは、認知症についての正しい知識の習得と早期発見行動について学ぶ内容になっている。金融機関や商工業者で顧客接遇に従事する方々、警察や消防など安全・防犯の面から認知症の人と関わりをもつ機会の多い方々、民生委員など地域での福祉活動に携(たずさ)わる方々にも活用していただきたい内容になっている。

　介護現場で働く職員の方々向けのものは、認知症についての正しい知識の習得と介護サービスの理論を学ぶ内容になっている。

　いずれのテキストも、人間理解の促進や人間受容力の向上を促す情報を組み込んである。

　講座、研修で活用する際には、地域包括支援センターの主任介護支援専門員（主任ケアマネジャー）や社会福祉士の方、特別養護老人ホームの相談支援の専門家など、認知症の人と家族との関係や地域における支援のあり方に知見を有する方に講

師を依頼することをお勧めする。

＜その４＞

認知症の人を理解するために効果のある共活動プログラムの基本的な考え方と地域カフェ等の運営に関する基準の視点を述べている。

＜その５＞

学習の効果を自己点検するためのセルフチェック・シートである。

学習に先だって、認知症への理解や自分の有するスティグマの度合いをチェックしておき、学習後に、知識の獲得や更新がどのように進んだのか、それに伴い、スティグマ度合いがどのくらい低減したかを、自身で評価できるよう設計されている。

＜その６＞

地域包括支援センターの職員の方々が、認知症の早期発見の環境づくり、ケース対応の基本的な考え方、初動の組み立て、地域や他の専門機関との連携の進め方、ケースのモニタリングの要点などについて、標準的な「業務マニュアル」として活用できる内容を盛り込んでいる。

その1　効果の上がるラーニング・プログラム

1　「学習プログラム」の構成と「学習テキスト」の内容

　認知症スティグマの低減に効果のある「学習プログラム」は、①認知症の理解に関する学習前のセルフチェック、②「学習テキスト」を用いた座学学習ないし自己学習、③学習効果を評価するための事後の認知症理解セルフチェックの3点セットで構成されている（図1）。

　認知症理解セルフチェック・シート（Part 2「その5」参照）は、❶認知症についての知識の正確さに関する質問項目、❷認知症の人に対するスティグマ（客体的スティグマ）に関する質問項目、❸自分が認知症になったと仮定した場合のスティグマ（主体的スティグマ）に関する質問項目の3領域から構成されている。

　客体的スティグマは低くても、自分が認知症になることへの主体的スティグマは高い場合があり、とくに、すでに認知症である家族を介護した経験のある方々や仕事上で日常的に認知症の人と関わっている方々には、その傾向がみられる。

　他方、認知症の人と一緒に何かに取り組んだ共活動の体験を有する方々の場合、

図1　学習プログラム

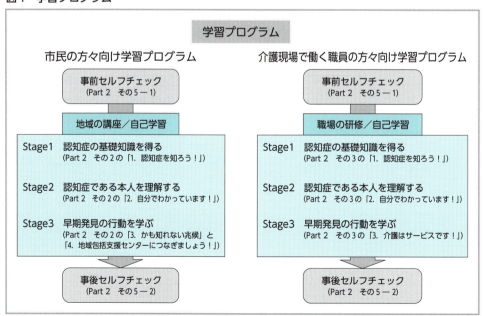

客体的スティグマも主体的スティグマも低い傾向がみられる。

この学習プログラムは、「学習テキスト」を用いたラーニングの前後で、認知症に関する知識・理解の新たな獲得や今までの理解が更新されたことをセルフチェックで確認するとともに、スティグマ度がどのくらい低減したかを点数化して評価できるしくみになっている。

2 学習の手順

「学習プログラム」は3点セットになっているので、前後のセルフチェックは、学習開始直前と学習終了直後に実施する。標準的な時間配分は図2の「学習の手順」のとおりである。認知症サポーター養成講座とほぼ同じ時間量となっている。

手順で重要なのは、①直前、直後のセルフチェックの実施、②セルフチェックの結果の自己採点、③学習による気づきやスティグマ度低減という改善の評価について、講座・研修の場合は参加者のグループディスカッションで意見交流の時間を、また自己学習の場合はメモ作成の時間をとること、の3点である。

こうしたテキスト学習に地域カフェなどにおける共活動プログラムを組み合わせる形として、テキスト学習前に認知症の人の有する可能性や人間受容の大切さに気づく機会として共活動を体験する形か、テキスト学習後に学びの成果を実感する機会として共活動を体験する形が想定される。いずれも、共活動とテキスト学習の間

図2 学習の手順

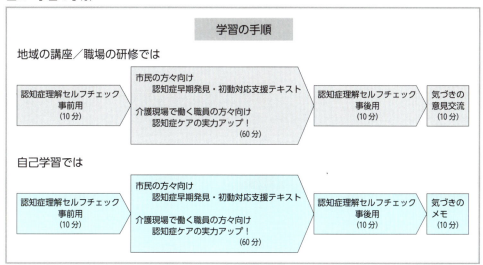

の時間間隔はできるだけ縮める工夫が求められる。

地域の講座や職場の研修では、参加者一人ひとりが学習するという趣旨に加えて、地域や職場で、認知症について仲間がどのように考えているか、同じ学習内容から各人がどのような気づきを得たのか、自分のこととして考えた場合に認知症にどのように向かい合うことができるか、といった観点での意見の交流が、短時間であっても重要である。

人間は、新しい情報を外から取り込み、自分の処理能力の範囲で解釈し、処理した結果を外の世界に放出する。自分の処理範囲や外の世界への放出の仕方について、同じ学びを経た仲間との交流を通して確認し、自己評価し、成長する。ぜひ、そういう時間帯を設けることをお勧めしたい。

3 認知症理解セルフチェック・シートの活用 ―「1. 認知症についての知識に関する質問」―

認知症理解セルフチェック・シートは、3分野の項目から構成されている。

「1. 認知症についての知識に関する質問」は、認知症スティグマの背景にある認知症への否定的な先入観や原因疾患と症状の関連に関する不確かな認識についての質問で構成されている（**図3**）。正誤選択で点検し、正答誤答の根拠を「学習テキスト」の「1. 認知症を知ろう！」の8項目の解説で確認・理解するしくみになっている。

図3の10項目の質問のうち、誤答の項目は以下の6項目である。誤答の項目の内容は、広く流布している認知症および認知症の人への誤った理解に関わるものである。

① 認知症を先天的な認知機能の障害だと誤解している
② 認知症は必ず記憶障害を伴うと誤解している
④ 認知症といえばアルツハイマー型と脳血管疾患だと誤解している
⑤ 認知症は医療で治せると思っている
⑥ アルツハイマー型認知症は突発的に発症すると勘違いしている
⑧ 認知症の人は不安や喜怒哀楽がなくなると誤解している

これらの誤答の項目を逆に読むと、認知症は先天的な認知機能の障害ではなく、多様な原因で発症し、アルツハイマー型の場合は徐々に進行するので気づき難く、

医療では治せないが関わり方次第で不安なく生活ができ、人としての喜びや悲しみの情緒的感情は残っている、という正しい認識を構築できる内容となっている。

「学習テキスト」の「1. 認知症を知ろう！」の学習と、「2. 自分でわかっています！」の学習にあたっては、認知症理解セルフチェック・シートの「1. 認知症についての知識に関する質問」のこのような趣旨を踏まえた学び方が重要である。

図3 認知症理解セルフチェック・シートの「1. 認知症についての知識に関する質問」の構成

次のうち、正しいと思う番号をすべて、○で囲んでください。
① 認知症とは先天的な認知機能の障害である
② 認知症になると必ず記憶の障害が起こる
③ 認知症になっても手続き記憶（ピアノの演奏の仕方や洗濯機の動かし方など行為の方法に関する記憶のこと）は比較的保たれ、感情も豊かである
④ 認知症の種類は、アルツハイマー型、脳血管疾患、レビー小体型、前頭側頭型の4つだけである
⑤ 認知症の中核症状は薬で治すことができる
⑥ アルツハイマー型認知症は突発的に発症し、急速に進行していく
⑦ BPSDとは徘徊や帰宅の要求、幻覚など行動や心理の症状のことである
⑧ 認知症になると、苦しみや不安はなくなる
⑨ 認知症になっても初期であれば過去の記憶は残っている場合が多い
⑩ 頭部外傷やウイルス感染によっても認知症になる

正しい項目は、③、⑦、⑨、⑩です。
Part 2の「その2 市民向けテキスト」「その3 職員向けテキスト」の「1. 認知症を知ろう！」の解説が正答誤答の根拠になっています。

認知症理解セルフチェック・シートの活用 ―「2. 認知症スティグマに関する質問」―

認知症理解セルフチェック・シートの「2. 認知症スティグマに関する質問」はセルフチェックの中心項目である（**図4**）。

21項目の選択肢は、認知症の人に対するスティグマに有意に関連する因子である。認知症の人に対するネガティブな認識（①～⑭）とポジティブな認識（⑮～㉑）を組み合わせて、認識レベルを点数にして可視化し、自己点検を容易にするしくみになっている。

図4 認知症理解セルフチェック・シートの「2. 認知症スティグマに関する質問」の構成

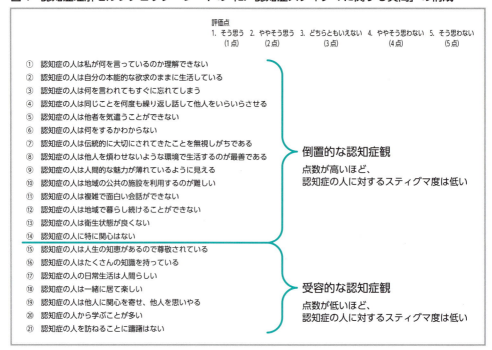

5 認知症理解セルフチェック・シートの活用 ―「3. 主体的スティグマに関する質問」―

　認知症理解セルフチェック・シートの「3. 主体的スティグマに関する質問」は「仮想認知症認識」に関するものである（図5）。

　認知症になることや認知症の人として生活することを、他人事ではなく、自分自身のこととして仮想してもらい、その仮想の心理状態や態度を回答する設計になっている。自分の能力・可能性への自己認識や自分自身のなかにある認知症への心理的反応が現れることになる。

　現に自分の周りにある家族関係や近隣住民、周囲の人々との関係性を想定して、具体的に支援してもらえる関係を有しているか、誰に支援を頼むことができるか、どのような状態で生きなければならないかといった、支援レディネス（help-readiness）・受援意図（help-seeking intension）の認識が現れる。自分が認知症になったと仮想した場合に登場する支援レディネス・受援意図の認識は、自分の家族が認知症になったと仮想した場合の自分の関わり方についての認識にも投影される。

　認知症発症後の自身の生活に対する評価や支援レディネス・受援意図のあり方を

セルフチェックすることで、早期発見を促進する主体的な支援・受援関係を把握し、「学習テキスト」の学習刺激を加えることで、その改善を促すことができる。

図5　認知症理解セルフチェック・シートの「3. 主体的スティグマに関する質問」の構成

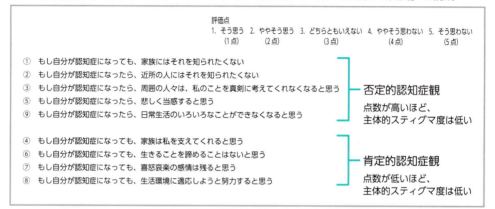

その2　市民向けテキスト

市民の方々向け

認知症早期発見・初動対応支援テキスト

他人事じゃないですよね、認知症って！

編集
特定非営利活動法人　**日本介護経営学会**

編集協力
社会福祉法人渓仁会／社会福祉法人こうほうえん／社会福祉法人志摩会

1. 認知症を知ろう！

(1) 認知症は歳をとること（加齢）が原因ですか？

私たちは、見る、聞く、触れる、嗅ぐ、味わう、の五感を通して、周囲の状況を理解し、記憶し、判断したり感動したりします。日常生活を安全に、楽しく過ごすうえで不可欠なこうした脳のはたらきに障害が出るのが、「認知症」です。

記憶、知覚、判断、感情などは大脳が管理します。認知症とは、何らかの原因疾患を発症することで、この大脳の機能に障害が生じることをいいます。先天的な認知機能の障害ではありません。

認知症は疾患が原因ですから、加齢による物忘れとは異なります。
加齢による物忘れであれば、ちょっとしたヒントで記憶が戻りますが、認知症では、記憶を管理し、意思決定や価値判断といった高次の機能をもつ大脳の機能そのものが衰えていきます。

（2）認知症の初期の段階って、過去の記憶にどんな変化が出ますか？

大脳は、表面の大脳皮質と内部の大脳辺縁系からなります。大脳辺縁系は記憶を制御する海馬と喜怒哀楽や快不快を制御する扁桃体などからなります。

認知症では、海馬が萎縮します。海馬は、比較的最近の記憶を制御していますから、物忘れや置き忘れといった日常生活の障害につながります。

しかし、**認知症の初期の段階では、原因疾患を発症する前に経験した記憶（長期記憶）は残っています。**

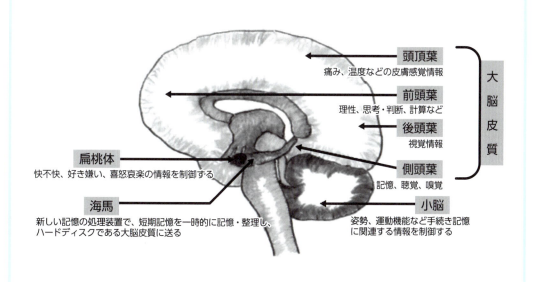

（3）認知症になっても手続き記憶や喜怒哀楽は残りますか？

「手続き記憶」とは、
自動車の運転の仕方とか裁縫や家事の仕方など、動作や行為の方法に関する記憶のことです。身体の運動機能の調節と関連しています。若い頃から、訓練や日常生活上の必要性に応じて習得してきている記憶です。これは小脳が管理しています。

認知症は大脳の障害ですから、小脳の機能は低下しません。ですから、自動車の運転の仕方や趣味・特技などは覚えています。

「喜怒哀楽」とは、
不安、恐怖、怒りなど情動（感情）の表現です。情動は大脳辺縁系にある扁桃体が制御します。認知症になっても扁桃体の機能は残りますから、情動や本能的な活動である喜怒哀楽は残ります。

(4) 認知症の原因疾患には、どのような種類がありますか？

インフルエンザウイルスに感染して、頭が痛くなることがあります。感染が原因疾患で、頭が痛いのが症状です。同じように、「認知症」とは原因疾患によって、認知機能に生じる障害の症状のことです。

原因疾患は、脳血管疾患や神経変性疾患、炎症性疾患、代謝性疾患、内分泌疾患、腫瘍性疾患、中毒性疾患、正常圧水頭症など多様です。頭部外傷やウイルス感染によって認知症になることもあります。

次の四大疾患が認知症の9割以上の原因です。

アルツハイマー病
脳神経細胞が周囲にたんぱく質が沈殿することで少しずつ死滅し、脳が縮むことで発症します。
- ▶近時記憶の障害、見当識の障害、失認、ちぐはぐな服装、言葉が出ないなどの症状が出ます。

レビー小体病
脳神経細胞にレビー小体と呼ばれるたんぱく質が蓄積することで発症します。
- ▶幻視、近時記憶や意識の急速な変動、パーキンソン症状（安静時のふるえ・姿勢保持障害・前傾姿勢など）が出ます。

前頭側頭葉変性症
理性的な判断や行動を司る前頭葉や事物の意味を理解する側頭葉が萎縮することで発症します。
- ▶感情や衝動を抑えられなくなる人格変化、同じ動作を繰り返す、言葉や事物の意味が理解できなくなるなどの症状がみられます。

脳血管疾患
脳の血管が詰まったり、切れたりして、脳細胞の栄養や酸素が行き渡らない部分が壊れることで発症します。
- ▶注意障害、運動・実行機能の障害、自発性の低下、うつなどが現れます。

(5) アルツハイマー型認知症って、どのような症状ですか？

四大原因疾患の認知症のなかで最も割合が多いのがアルツハイマー型認知症です。
海馬の損傷から始まりますから、初期の段階では、物忘れ、置き忘れなど近時記憶に関連する症状が出ます。

ゆっくり発症し、ゆっくり進行します。初めの段階で気づくことが大切です。

徐々に、人や物の認識に障害が出たり、道に迷うといった大脳皮質の機能に関連した症状へと進みます。

高齢になってからの発症では、海馬の萎縮でとどまり長期記憶の障害まで進まないことがあります。

若年での発症（若年性認知症）では、頭頂葉から側頭葉、前頭葉の萎縮まで進むことが多く、比較的早い段階から失行や失認の症状がみられます。

（6）認知症の症状は、どのように なっていますか？

認知症になると、目に見える症状が出ます。
誰にでも発症する「中核症状」と、人により現れ方に差がある「行動・心理症状」（BPSD）に分かれます。（4）で四大原因疾患について▶印で示した症状は、「中核症状」と「行動・心理症状」です。
「行動・心理症状」には、「行動症状」と「心理症状」があります。言動や気分に現れる症状のことです。

「中核症状」
記憶の障害、判断力の障害、見当識の障害、性格の変化、問題解決能力や実行力の障害、失行・失認・失語などが代表的な症状です。

「行動・心理症状」
行動症状…失禁や不潔な行動、介護への抵抗、暴言や暴力、睡眠障害、過食や異食、徘徊、多動多弁、思い込み、過度の心配、無為・無反応などです。
心理症状…幻覚、妄想、不安、焦燥（あせり）、うつ（鬱状態）などです。

(7) 症状が現れたら、どのように対応したらよいですか?

まず、できるだけ早めに、「認知症疾患医療センター」などで専門の医師を受診しましょう。

早い段階での受診と正しい薬の使用は、中核症状を治すことはできませんが、症状の緩和・改善や進行の予防には効果があります。

原因疾患、進行段階、現れている症状によって、薬の種類や量の判断が異なりますので、専門の医師を頼りましょう。

行動・心理症状は、中核症状の状態や本人の身体的状況に左右されます。特に、**本人の生活環境や本人を取り巻く人間関係のあり方が、症状の現れ方に大きく影響します。**

家族や周囲の皆さんが病気、症状を優しく受け止め、**本人を前向きに支えていく姿勢が大切です。**特に、家族関係に配慮しましょう。

(8) 認知症に早期に気づくにはどうしたらよいですか?

アメリカ精神医学会が2013年に公開した「精神疾患の診断と統計マニュアル」(DSM-5)では、「認知症」に代わって、脳の器質性疾患の総称である「神経認知障害」(NCDs)という言葉を使っています。「認知症」が、呆けや老化と間違われるのを避けるためです。

DSM-5に示されている、次の六つの認知領域(ドメイン)の**いずれか一つにでも**本人や家族、知人などからみて、それまでになかった状態の低下が生じていることを重視して、NCDsと診断することで、早期に発見し、初期段階で集中的に支援することを容易にしたわけです。一つの領域についての障害だけにとどまっていると軽く見過ごさないようにしましょう。変だなと思ったら、すぐに、認知症の専門の医師に相談しましょう。

複雑性注意(complex attention)
日常生活の多方面に注意が及ぶかどうかを観察する

実行機能(executive function)
自分で考え、行動することができるかどうかを観察する

学習と記憶(learning and memory)
経験したこと、学んだことを覚えているかどうかを観察する

言語(language)
会話での発話がスムーズかどうかを観察する

知覚・運動(perceptual-motor)
周囲の動きや変化についていけているかどうかを観察する

社会的認知(social cognition)
社会関係、家族関係をうまくやれているかどうかを観察する

2. 自分でわかっています！

(9) Tさんの想い
39歳の若さで、アルツハイマー型認知症に

認知症の人は、自分で失敗したことに気づいています。
分かっているけれど、失敗してしまいます。
それを責められると、すごく傷つきます。
しゃべりたくもなくなります。

でも、笑っていてくれると、負担感がないんです。
そして、失敗しないようにするには、どうすればいいか、考えるようになります。

失敗しても怒られない環境が大事だと感じます。
道に迷ったり、降りる駅を間違えたりします。それでも、妻は何も言いません。
「失敗するからでかけちゃダメ」と言われたら、私は、何もしなくなってしまいます。

『おはよう21』2015年5月号の記事から抜粋し要約しています

(10) Mさんの想い
初めての発信

認知症なんて見つからなければよかった、と思います。

これから先、どう生きて行けばいいのか…方向が見つからないのです。

外出先で、道を尋ねればいいのに、この人分からないのかしら、と変な顔をされるのが怖くて、尋ねられないんです。

友だちとの会話に認知症のことが出てくると、会話がスムーズにいかなくなります。

認知症という特徴をもつ私と付き合って、話を聴いて、受け止めてくれる、よい関係の友だちが欲しいのです！

『おはよう21』2015年5月号の記事から抜粋し要約しています

(11) クリスティーンの声

私たちのようなアルツハイマー病患者は、自分ではどうすることもできない。
自分は何かひどく悪い状態にあることは気づいているが、自分が誰であるかさえ分からず、あらゆる感情や、自分を表現する能力を失っているように思える。

私たちは、得られる限りの援助や手助けを必要としている。
どうか私たちを隠すのではなく———私たちを仲間に入れ、もう少しの間、生きる喜びを味わわせてください、あなたの記憶力と能力、そして忍耐力をもって。

クリスティーン・ボーデン、桧垣陽子訳
『私は誰になっていくの？——アルツハイマー病者からみた世界』
クリエイツかもがわ、70頁、2003年

（12）本人は、自分の症状の進行に気づいています

その方には、
親として、職業人として、夫や妻として、
懸命に生きてきたプライドがあります。

その自分が自分でなくなっていってしまうことに
気づいています。
本人が一番つらいのです。

だから、周りの環境や自分の変化に、必死で適応
しようとしたり、失敗を見せないようにしますが、
それが思考や行動のもたつきや、不自然な言動に
つながってしまいます。

心のなかで、
動作が鈍く見えてもゆっくりお願いします、
見当違いに見えても考える時間をください、
と叫んでいます。

3. かも知れない兆候

(13) 認知症の予防って、どういう意味ですか？

「予防」には、心身の自立を維持し、認知症になるのを未然に防ぐという意味があります。
しかし、実際には、認知症の原因疾患の発症を未然に防止する確実な方法はありません。

「予防」にはもう一つの意味があります。
日常生活に変化の兆しが見えているが、本人が変化を受け止められない、病識がもてない、身体機能の変化に不安を抱きつつもまだ大丈夫だという心理的な正常化がはたらいている、といった段階で、その先に状態を進行させないという意味です。

これまでの家族構成や家族関係に変化が生じたり、配偶者を失い孤立状態が始まったり、家族は変化に気づき不安になってはいるものの、専門家に判断を求めることを躊躇しているような段階において、本人や家族の不安を取り除き、気持ちを楽にする行動のことを「予防」といいます。

早期に発見し、
迅速で集中的な支援を進めること

これが、状態を悪化させない「予防」になります。

（14）認知の領域と日常生活における自立レベルの低下に着目！

認知の領域とは、（8）で説明した次の六つの領域のことです。

- ▶複雑性注意
- ▶実行機能
- ▶学習と記憶
- ▶言語
- ▶知覚－運動
- ▶社会的認知

それ以前の活動レベルと比較して明らかな変化がみられますか？

その変化が**「かも知れない兆候」**です。

(15)「かも知れない兆候」と早期の発見

◎ かかってきたばかりの電話の相手の名前を忘れる
● しまい忘れ、置き忘れがある
◎ 財布などを盗まれたと他人を疑う
● 季節に合わせた服装ができていない
◎ 髪や身だしなみを構わない
● 新しいことが覚えられない
◎ くどくど、同じことを何回も繰り返す
● 忍耐力や集中力がなくなってきた
◎ 人に頼ったり、人のせいにしたりする
● ちょっとしたことでイライラ怒りやすくなった
◎ 億劫(おっくう)がったり、ふさぎ込んだりする
● 薬の飲み忘れがある
◎ 趣味や好きだったことに興味を示さなくなる
● 約束の日時や予約した日を間違える
◎ ゴミステーションの使い方やゴミ出しがうまくできなくなる
● 地域の会合を伝えても来られなくなる
◎ 回覧板の回し忘れがある
● 町内会費を払ってくれなかったり、何回も持ってきたりする

**「かも知れない兆候」です。
複数回あったら、すぐに近くにいる
あなたが行動を！**

（16）「かも知れない兆候」を、しっかり冷静に受け止めましょう

変だな！ 放っておかない

自分で判断しない、やろうとしない 必ず、専門家につなぐ

専門家とは

➡ まずは「地域包括支援センター」に相談を

➡ 地域包括支援センターから、認知症専門医療機関（認知症疾患医療センター、物忘れ外来）を紹介してもらいましょう。

（7）で学んだとおり、できるだけ早期の受診が効果があります。

その後は ➡ おおらかに受け入れ、見守ってください。

4．地域包括支援センターにつなぎましょう！

（17）まずは、地域包括支援センターに相談を!

「地域包括支援センター」は、必ず近くにあります。

認知症の人の日常生活支援や、介護サービスに詳しい**主任ケアマネジャー**さん、

生活上の困難や権利擁護などのことを支援してくれる**社会福祉士**さん、

身体と心の健康や予防などを支援してくれる**保健師**さん

を擁する**専門家の機関**です。

介護保険利用の相談・手続き、医療機関との連携・情報交換、専門医の受診の段取り、介護サービスの調整など、本人や家族にとって最善の方針を一緒に考えて、今後の生活を支える環境を整えてくれます。

(18) 地域包括支援センターに
　　 つなぐには

まずは、お近くの地域包括支援センターに電話しましょう！

地域の民生委員さんからつないでもらうこともできます。

民生委員さんがわからない方は、自治会長さん、行政区長さん、福祉委員さんへ。

「ふれあいサロン」や「交流サロン」に参加している方は、リーダーさんへ。

在宅介護支援センターや介護予防センターなどを置いている自治体では、そこからつないでもらいましょう！

(19) 本人が拒絶している場合、糸口を見つけ出してくれる

本人が、自分の症状を受け入れ難いと、
受診や介護サービス利用を拒否することがあります。

そんなときは、
伴走できるキーパーソンがいると、うまくいきます。

趣味や特技など、自信のもてるきっかけを見つけ出し、一緒に取り組んでみましょう。

閉じこもらず、外の世界との接点を豊富にもつようにしましょう。

「自分が役に立っている」という役割感を引き出すようにしましょう。

 地域包括支援センターが一緒に対応を考えてくれます

その3 職員向けテキスト

介護現場で働く職員の方々向け

認知症ケアの実力アップ！

あなたの成長を、もっと自分らしくありたい私のために

編集
特定非営利活動法人 **日本介護経営学会**

編集協力
社会福祉法人渓仁会／社会福祉法人こうほうえん／社会福祉法人志摩会

1. 認知症を知ろう！

(1) 認知症は歳をとること（加齢）が原因ですか？

私たちは、見る、聞く、触れる、嗅ぐ、味わう、の五感を通して、周囲の状況を理解し、記憶し、判断したり感動したりします。日常生活を安全に、楽しく過ごすうえで不可欠なこうした脳のはたらきに障害が出るのが、「認知症」です。

記憶、知覚、判断、感情などは大脳が管理します。認知症とは、何らかの原因疾患を発症することで、この大脳の機能に障害が生じることをいいます。先天的な認知機能の障害ではありません。

認知症は疾患が原因ですから、加齢による物忘れとは異なります。
加齢による物忘れであれば、ちょっとしたヒントで記憶が戻りますが、認知症では、記憶を管理し、意思決定や価値判断といった高次の機能をもつ大脳の機能そのものが衰えていきます。

（2）認知症の初期の段階って、過去の記憶にどんな変化が出ますか？

大脳は、表面の大脳皮質と内部の大脳辺縁系からなります。大脳辺縁系は記憶を制御する海馬と喜怒哀楽や快不快を制御する扁桃体などからなります。

認知症では、海馬が萎縮します。海馬は、比較的最近の記憶を制御していますから、物忘れや置き忘れといった日常生活の障害につながります。

しかし、**認知症の初期の段階では、原因疾患を発症する前に経験した記憶（長期記憶）は残っています。**

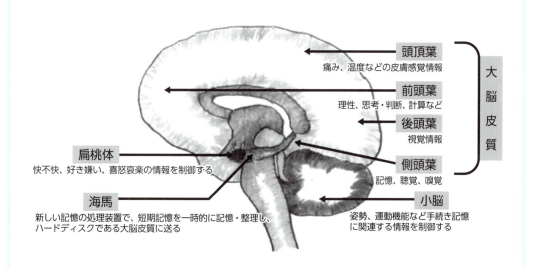

(3) 認知症になっても手続き記憶や喜怒哀楽は残りますか?

「手続き記憶」とは、
自動車の運転の仕方とか裁縫や家事の仕方など、動作や行為の方法に関する記憶のことです。身体の運動機能の調節と関連しています。若い頃から、訓練や日常生活上の必要性に応じて習得してきている記憶です。これは小脳が管理しています。

認知症は大脳の障害ですから、小脳の機能は低下しません。ですから、自動車の運転の仕方や趣味・特技などは覚えています。

「喜怒哀楽」とは、
不安、恐怖、怒りなど情動（感情）の表現です。情動は大脳辺縁系にある扁桃体が制御します。認知症になっても扁桃体の機能は残りますから、情動や本能的な活動である喜怒哀楽は残ります。

（4）認知症の原因疾患には、どのような種類がありますか？

インフルエンザウイルスに感染して、頭が痛くなることがあります。感染が原因疾患で、頭が痛いのが症状です。同じように、「認知症」とは原因疾患によって、認知機能に生じる障害の症状のことです。

原因疾患は、脳血管疾患や神経変性疾患、炎症性疾患、代謝性疾患、内分泌疾患、腫瘍性疾患、中毒性疾患、正常圧水頭症など多様です。頭部外傷やウイルス感染によって認知症になることもあります。

次の四大疾患が認知症の9割以上の原因です。

アルツハイマー病
脳神経細胞が周囲にたんぱく質が沈殿することで少しずつ死滅し、脳が縮むことで発症します。
- ▶近時記憶の障害、見当識の障害、失認、ちぐはぐな服装、言葉が出ないなどの症状が出ます。

レビー小体病
脳神経細胞にレビー小体と呼ばれるたんぱく質が蓄積することで発症します。
- ▶幻視、近時記憶や意識の急速な変動、パーキンソン症状（安静時のふるえ・姿勢保持障害・前傾姿勢など）が出ます。

前頭側頭葉変性症
理性的な判断や行動を司る前頭葉や事物の意味を理解する側頭葉が萎縮することで発症します。
- ▶感情や衝動を抑えられなくなる人格変化、同じ動作を繰り返す、言葉や事物の意味が理解できなくなるなどの症状がみられます。

脳血管疾患
脳の血管が詰まったり、切れたりして、脳細胞の栄養や酸素が行き渡らない部分が壊れることで発症します。
- ▶注意障害、運動・実行機能の障害、自発性の低下、うつなどが現れます。

(5) アルツハイマー型認知症って、どのような症状ですか？

四大原因疾患の認知症のなかで最も割合が多いのがアルツハイマー型認知症です。
海馬の損傷から始まりますから、初期の段階では、物忘れ、置き忘れなど近時記憶に関連する症状が出ます。

ゆっくり発症し、ゆっくり進行します。初めの段階で気づくことが大切です。

徐々に、人や物の認識に障害が出たり、道に迷うといった大脳皮質の機能に関連した症状へと進みます。

高齢になってからの発症では、海馬の萎縮でとどまり長期記憶の障害まで進まないことがあります。

若年での発症（若年性認知症）では、頭頂葉から側頭葉、前頭葉の萎縮まで進むことが多く、比較的早い段階から失行や失認の症状がみられます。

(6) 認知症の症状は、どのように なっていますか?

認知症になると、目に見える症状が出ます。
誰にでも発症する「中核症状」と、人により現れ方に差がある「行動・心理症状」（BPSD）に分かれます。（4）で四大原因疾患について▶印で示した症状は、「中核症状」と「行動・心理症状」です。
「行動・心理症状」には、「行動症状」と「心理症状」があります。言動や気分に現れる症状のことです。

「中核症状」
　記憶の障害、判断力の障害、見当識の障害、性格の変化、問題解決能力や実行力の障害、失行・失認・失語などが代表的な症状です。

「行動・心理症状」
　行動症状…失禁や不潔な行動、介護への抵抗、暴言や暴力、睡眠障害、過食や異食、徘徊、多動多弁、思い込み、過度の心配、無為・無反応などです。
　心理症状…幻覚、妄想、不安、焦燥（あせり）、うつ（鬱状態）などです。

(7) 症状が現れたら、どのように対応したらよいですか?

まず、できるだけ早めに、「認知症疾患医療センター」などで専門の医師を受診しましょう。

早い段階での受診と正しい薬の使用は、中核症状を治すことはできませんが、症状の緩和・改善や進行の予防には効果があります。

原因疾患、進行段階、現れている症状によって、薬の種類や量の判断が異なりますので、専門の医師を頼りましょう。

行動・心理症状は、中核症状の状態や本人の身体的状況に左右されます。特に、**本人の生活環境や本人を取り巻く人間関係のあり方が、症状の現れ方に大きく影響します。**

家族や周囲の皆さんが病気、症状を優しく受け止め、**本人を前向きに支えていく姿勢が大切です。**特に、家族関係に配慮しましょう。

(8) 認知症に早期に気づくには どうしたらよいですか？

アメリカ精神医学会が 2013 年に公開した「精神疾患の診断と統計マニュアル」（DSM-5）では、「認知症」に代わって、脳の器質性疾患の総称である「神経認知障害」（NCDs）という言葉を使っています。「認知症」が、呆けや老化と間違われるのを避けるためです。

DSM-5 に示されている、次の六つの認知領域（ドメイン）の**いずれか一つにでも**本人や家族、知人などからみて、それまでになかった状態の低下が生じていることを重視して、NCDs と診断することで、早期に発見し、初期段階で集中的に支援することを容易にしたわけです。一つの領域についての障害だけにとどまっていると軽く見過ごさないようにしましょう。変だなと思ったら、すぐに、認知症の専門の医師に相談しましょう。

複雑性注意（complex attention）
日常生活の多方面に注意が及ぶかどうかを観察する

実行機能（executive function）
自分で考え、行動することができるかどうかを観察する

学習と記憶（learning and memory）
経験したこと、学んだことを覚えているかどうかを観察する

言語（language）
会話での発話がスムーズかどうかを観察する

知覚 - 運動（perceptual-motor）
周囲の動きや変化についていけているかどうかを観察する

社会的認知（social cognition）
社会関係、家族関係をうまくやれているかどうかを観察する

2. 自分でわかっています！

(9) Tさんの想い
39歳の若さで、アルツハイマー型認知症に

認知症の人は、自分で失敗したことに気づいています。
分かっているけれど、失敗してしまいます。
それを責められると、すごく傷つきます。
しゃべりたくもなくなります。

でも、笑っていてくれると、負担感がないんです。
そして、失敗しないようにするには、どうすればいいか、考えるようになります。

失敗しても怒られない環境が大事だと感じます。
道に迷ったり、降りる駅を間違えたりします。それでも、妻は何も言いません。
「失敗するからでかけちゃダメ」と言われたら、私は、何もしなくなってしまいます。

『おはよう21』2015年5月号の記事から抜粋し要約しています

(10) Mさんの想い
初めての発信

認知症なんて見つからなければよかった、と思います。

これから先、どう生きて行けばいいのか…方向が見つからないのです。

外出先で、道を尋ねればいいのに、この人分からないのかしら、と変な顔をされるのが怖くて、尋ねられないんです。

友だちとの会話に認知症のことが出てくると、会話がスムーズにいかなくなります。

認知症という特徴をもつ私と付き合って、話を聴いて、受け止めてくれる、よい関係の友だちが欲しいのです！

『おはよう21』2015年5月号の記事から抜粋し要約しています

(11) クリスティーンの声

私たちのようなアルツハイマー病患者は、自分ではどうすることもできない。

自分は何かひどく悪い状態にあることは気づいているが、自分が誰であるかさえ分からず、あらゆる感情や、自分を表現する能力を失っているように思える。

私たちは、得られる限りの援助や手助けを必要としている。

どうか私たちを隠すのではなく───私たちを仲間に入れ、もう少しの間、生きる喜びを味わわせてください、あなたの記憶力と能力、そして忍耐力をもって。

クリスティーン・ボーデン、桧垣陽子訳
『私は誰になっていくの？──アルツハイマー病者からみた世界』
クリエイツかもがわ、70頁、2003年

（12）本人は、自分の症状の進行に気づいています

その方には、
親として、職業人として、夫や妻として、
懸命に生きてきたプライドがあります。

その自分が自分でなくなっていってしまうことに
気づいています。
本人が一番つらいのです。

だから、周りの環境や自分の変化に、必死で適応
しようとしたり、失敗を見せないようにしますが、
それが思考や行動のもたつきや、不自然な言動に
つながってしまいます。

**心のなかで、
動作が鈍く見えてもゆっくりお願いします、
見当違いに見えても考える時間をください、
と叫んでいます。**

(13) こんなこと、ついついしていませんか?

- ▶ 大きな声で注意したり、本人の視界に入らない位置から急に声をかけたり、突然、身体に触れたりしたことはありませんか？
- ➡ お願いですから、私をびっくりさせないでください！

- ▶ 自分で判断しながらやろうとしているのに、急がせたり、できないだろうと勝手に判断して、やってあげてしまったりしたことはありませんか？
- ➡ お願いですから、自分でやっているのをゆっくり見守ってください！

- ▶ 「どうしてこんなことするんですか！」「危ないから止めてください！」といった口調で、叱責したり、抑制したことはありませんか？「同じことを何度も言わせないでください！」など、上から目線で発言したり、介護をしてあげているんだからと優越的な態度をとったことはありませんか？
- ➡ お願いですから、私の自尊心を大事にしてください！

常に、"もし、自分のことであったら！"
常に、当事者になった気持ちでいましょう！！

（14）周囲からの無理解や、行動への抑制によって、不安が増幅し、能力や感覚は減退します

失敗を責められたり、怒られたりすると、不安が増幅してしまいます。
危ないからダメ、失敗するからダメと言われ続けると、自信をなくし、閉じこもります。

禁止や叱りはいけません 促すことを心がけましょう！

命令や制止の言葉はいけません 受け止めることを心がけましょう！

動作が鈍くても、見るに見かねて、手を出してはいけません 見守りましょう！

利用者さんは、
否定されたり、不安にさせられるために、
介護サービスを使っているのではありません。

3. 介護はサービスです！

(15) 介護サービスの「サービス」ってどういう意味でしょう?

媒体と機能ということを理解しましょう！

自動車という媒体は、私たちを行きたいところへ運んでくれるという機能をもっています。
テレビという媒体は、娯楽や知りたい情報をいつでも届けてくれるという機能を発揮します。

これと同じように、

デイサービスという媒体は、食事や娯楽や寛ぎといった機能を提供するためのものです。
入所施設という媒体は、安心して安全に住まうという機能を提供するためのものです。

介護サービスとは、利用者さんが必要とする機能を提供することです！

（16）介護サービスには、こんな特徴があります

- ▶ 前もってサービスをつくり、在庫にためておくことができません。

  だから、その場の状況判断でサービスをつくらなければなりません。

- ▶ そのため、前もって、お見せしたり、お試ししてもらうことができません。

  だから、安心して利用してもらえ、安全にお届けするサービスにしなければなりません。

- ▶ 一度サービスが提供されると、やり直すことができません。

  だから、利用者さんが期待する機能を提供できる品質のサービスにしなければなりません。
  やり直しがきかないだけではなく、利用者さんの信頼を失います。

- ▶ 利用者さんが変われば、サービスの内容も変わります。

  だから、1人ずつ異なるニーズに対応する内容でなければなりません。
  Aさんにこのようにして満足していただけたので、Bさんにも同じでよいということはないのです。

（17）あなたの頭に中にある知識・情報と、利用者さんの知識・情報には差があります

あなたが知っていることでも、利用者さんは知らないことが多いです。
利用者さんは、あなたの言うことをうのみにするしかありません。

あなたが、「これでよい」「これが当たり前」と思っていることでも、利用者さんにとっては、よいこと、当たり前のことだと理解されていないことが多いです。

要意識！
- あなたから利用者さんへ、必要な情報が伝えられていますか。
- 伝えたつもりでも、利用者さんが正確に理解していますか。

(18) 介護の専門性を理解しよう

▶ どの利用者さんに対しても、公平に、わかりやすく、接することができる。

▶ 利用者さんの生活をみるよう努力することができる。

・どういう環境で、どういう生き方をしてきた方か
・家庭や地域でどのような役割を担ってきた方か
・趣味や得意なことは何か
・なぜ、ここで介護サービスを利用することになったのか

▶ **利用者さんが納得しているか、満足しているか、常に確認する努力ができる。**

(19) 介護サービスの品質を意識しよう！

「物」であれば、品質検査をして、粗悪品を取り除くことができます。
「サービス」は品質が悪くても、それを取り消すことはできません。

そこで、
第1段階…職場の「業務マニュアル」や「介護の心得」を勉強しましょう。
第2段階…職場の先輩の話を聞き、先輩の仕事ぶりをどんどん見倣いましょう。

介護サービスの品質を向上させる要点は、
- ▶ 利用者一人ひとりを尊重する気持ちと姿勢をもつ
- ▶ サービス提供場面で、いっさいの不快感をなくす
- ▶ 利用者の自立は改善されたか、QOLは高まっているかを常に意識する

でも、自信がないときは、
仕事の上手な先輩にみてもらいましょう！

(20) サービスの方法には、価値感が組み込まれています

職場で、例えば、

- 認知症の人への声かけは、必ず視界に入ってから行う
- 掃除の際の掃除機の移動は、引きずらずに持ち上げて運ぶ
- 利用者さんを呼ぶときには、初めは、苗字に「さん」づけをする

といわれます。なぜでしょう？　そこには、価値観が組み込まれているからです！

- 必ず視野に入ってから ➡ 驚かせて転倒などの事故につながるのをさける……「安全」
- 掃除機の持ち運び ➡ 電気コードの絡みやダラダラ感をなくす……「安全」「整頓」
- 苗字に「さん」づけ ➡ 過度の親密さや間違った優しさを排除する……「尊重」「礼儀」

 価値観を意識すると、見栄えのよい姿勢と行動が生まれます。

(21) パーソン・センタード・ケア (person centered care) に徹しよう!

自分は介護する人、利用者は介護される人という考え方は間違いです。
認知症の人を、自分が支援してあげているという上から目線は間違いです。

認知症の利用者さんには、それぞれ、

"できること"　　　"自分の役割感"

"自分のやり方"　　　"自尊心"

があります。

介護のプロは、
それを冷静に観察し、その人の立場に立って理解する!
そして、尊重し、促進する!
これが、パーソン・センタード・ケアの核心です。

その4 認知症の人との共活動体験 ―地域カフェの効用―

　認知症の人との共活動体験は、認知症スティグマの低減に強い効果がある。以下、好事例の分析から得られた、効果的なカフェ運営と共活動プログラムの基本的な考え方を、ガイドラインとしてまとめている。
　好事例となった地域カフェに共通する特徴は次のとおりである。

- 社会福祉法人の地域貢献の自主事業として取り組まれている。地域交流、「空白の初期」における居場所づくり、介護保険サービスの前段階の孤立防止・生活活動性の増進の要素を組み込んでいる。
- 地域包括支援センターが運営主体となっているが、運営スタッフは地域住民が主体である。
- 認知症の有無に関わりなく誰（だれ）でも参加でき、地元の地域住民に加えて、他の地域の住民にも開かれており、地域のたまり場となるよう工夫されている。利用時間は自由で、高齢者に限らずすべての世代が交流できるようになっている。

1 地域カフェ運営の効果の評価基準

　上記の共通する特徴は、そのままカフェの評価基準になり得る。加えて、カフェ運営スタッフの関わり方や役割にも着目すると、カフェの運営評価には、次のような基準が考えられる。

- 開放的な空間設計
  利用者登録ならびに登録条件の制約がないか緩（ゆる）やかである、立地場所・施設環境が開放的である、利用要件の制約が緩やかである、事業者およびスタッフの関与は後方支援型である
- 運営スタッフになるにあたり入り口となった共活動体験のきっかけ
  運営主体からの呼びかけ、勧誘があった
- 継続と展開
  共活動体験に継続性があり、活動内容の展開が工夫されている
- 言動

　　　　運営スタッフの利用者との関係は同じ地域住民の仲間同士のようであり、言葉遣いや所作に地域の慣習性が感じられる

●非言語的姿勢

　　快活でありながらも観察的かつ支援的である

2 運営スタッフの評価基準

　地域カフェの運営スタッフに共通する特徴は3点ある。

　1点目は、社会福祉法人の職員や地域包括支援センターの職員は現場への参与・モニタリングと後方支援に徹し、カフェでとらえた情報をもとに家庭訪問や地域まわりの役割を主に担っていることである。カフェ運営は、地域住民の有志が行っている。

　2点目は、カフェ運営スタッフの中心に据わる人物は、法人やセンターが人物、経験、地域での信頼などを目利きし、リクルートしていることである。その中心となる人物のネットワークで、スタッフ組織ができ上がっている。多くは、認知症サポーター養成講座等に参加し、あるいはカフェでの共活動体験をきっかけに、運営スタッフと関わりを深めてきた人物である。役割や参加時間などの調整は、スタッフ間で自発的に行われている。

　3点目は、スタッフの視点が一人ひとりの利用者の人間特性や生活歴、能力や得意事項といった個人理解におかれていることである。カフェ空間のマネジメントは、個別的理解の関係の総和としてでき上がっており、決められた管理ルールや統一的な注意事項等によってコントロールされてはいない。おそらく、危険対応の明文化されたルールがないにもかかわらず事故が発生しない理由は、この個別的理解を踏まえた人間関係のあり方にある。

　運営スタッフの評価基準として、次のような基準が考えられる。

●自発的貢献：ボランティア意識のあり方

　　他者への共感・貢献の意識が強い

　　共感・貢献が自己目的化されている

●自己充足や生き甲斐の意識、つながりや互助の意識が強い

●共生的受容

　　「共にいる」「学ぶ」の意識が強い

● 当事者意識

地域課題に地域の一員として向き合う意識が強い

3 効果的な空間設計と共活動の考え方

1．空間設計の条件

上記の評価基準を具体的に説明すると次のようになる。

利用空間の設計が開放的である。利用者はつどの参加であり、当日の参加者名簿に記名するだけでよい。事前の登録や利用条件は定められていない。利用者の居住地域についても、地元居住者が必然的に多数にはなるものの、利用している知人の照会や誘いにより地元地域の外から参加することを排除しない。

カフェ内での行動の規制がない。少なくとも、利用者に心理的な負荷となるような掲示類は見当たらない。運営主体の法人やセンターも、管理規則のような固いルールを押しつけていない。

地域住民が認知症の人との共活動に関わることになるきっかけは、法人やセンターのカフェ運営責任者からの声かけである。カフェ運営責任者は、法人やセンターのベテラン職員あるいは居宅介護支援事業所のベテランの介護支援専門員（ケアマネジャー）であり、地域との関わりを広く長くもっており、地域内の潜在人材についてもよく把握している。そうした潜在人材のなかから、広い意味で人のケアに関連する仕事の経験や民生委員の経験があり、子育てを終えたシニア世代（50代後半から60代）で、地域活動に積極的であるが先頭に立ちたがるようなタイプではなく、地域内も含め社会的な人のつながりを豊かにもっている、といった共通の個人的属性が確認できる。法人職員やセンター職員との個人的信頼が、共活動やカフェに前向きに関わることを促す要因となっている点でも共通している。

活動の継続性は、段階的な展開を準備することで担保されている。まず共活動体験から入り、つぎに認知症サポーター養成講座の受講につなぎ、カフェにボランティア的に関与してもらい、その間、仲間を誘う機会をつくり、そして運営スタッフとして、最終的には、運営全般を任せるといった順路がみられる。目標を徐々に高めることで、自律的な自己決定のフローを環境づける手法である。他律的にやってもらう、参加してもらうといった奉仕型ボランティアを排除する論理がはたらいている。

言動については、指示を出したり、依頼をしたり、ルールを語ったり、介護の専

門用語を用いたりといった、運営主体の職員側からの「言説の支配」となるようなものは一切排除されている。

非言語的姿勢では、共通して、カフェ全体の雰囲気が明るく快活である。運営スタッフが観察的な姿勢を保持しつつも「共に」を意識していて、介護保険サービスに一般的な「支援する側とされる側」の分離がみられない。役割の分掌を意識的に排除し、普通に自宅で家族と生活をするような流れができている。例えば、食事の準備、果物の皮むき、お茶入れ、コーヒーの食卓への運び出しなど、生活行為において、運営スタッフと利用者との役割の分離がみられない。安全への配慮に関しても、訓示的な掲示物や現場での指示・助言といったことは一切みられず、運営スタッフ間の連携やお互いの動きの予測を通じてリスクの低減や防止に効果をもたせている。

2. 判断基準と活動テーマ領域

効果的な共活動プログラムは次の三つの要素によっている。

第一は、特技、もっているものに着目することである。利用者の特技・能力に着目すると同時に、運営スタッフの特技も活かせる領域にプログラムを設定している。特技、もっているものは、手続き記憶の領域に入ることから、どのような手続き記憶が残されているかは、アセスメント時に、利用者その人の生活歴や職業歴、社会や家庭での役割などから聞き出しておくことになる。

第二は、一緒に取り組むという役割感を組み込んでいることである。プログラムに「参加させる」ではなく、一緒に楽しむなかで、工夫や教え・学ぶという役割感を自然に醸成している。

第三に、笑顔（安心感の表現）・張り合い・予防効果の要素が確認できることである。とくに、笑顔は雑談を通じて引き出されているように観察される。

このような要素を満たすテーマ領域は豊富に存在する。クラフト創作分野、調理分野、習い事分野（裁縫、茶道、書道、華道、編み物など）、家事分野、回想法、季節の行事、お楽しみイベントなど、協働で取り組め、それぞれの特技や自身の役割感・有用感を組み込んだプログラムとなるよう工夫されている。とくに、回想法では、個人史の回想よりも、小さかった頃の地域の街並み・風情や共に経験した時代の流れなど、会合メンバーの共通の話題が効果的である。

共活動体験の成功しているカフェ運営の評価ポイント

認知症スティグマの低減ならびにサポート人材の発掘・育成に効果を上げている地域カフェに共通してみられる、運営上のポイントは次のようになっている。

- 「認知症」の看板を掲げない。名称には、地域名のひらがな表記や安心感のある意味合いをもった方言を用いている。「カフェ」の看板も掲げない。日常のなかにある居場所の雰囲気を工夫している。
- 法人・事業所の職員が取り仕切らない。あくまでも主人公は地域住民であり、協働の力を発揮できる空間のアレンジメントが工夫されている。
- 行政頼みや専門事業者への依頼ではなく、地域でできることは自分たち自身で行動するという意識を引き出している。
- 共活動体験や運営参加の時間が比較的短時間である。午前中だけ、午後だけ、昼食を食べに来るだけといった形である。時間的拘束の要素がない。運営スタッフも、2時間から3時間で交代している。
- 利用者も運営スタッフも、つどの参加が任意で、拘束性がない。都合のつくメンバー、来たい人が集う空間になっている。
- 役割の上下、指示された分担、支援・受援の分離などがみられない。人的な関係が共生的である。
- ふだんは挨拶(あいさつ)程度(ていど)の付き合いでも、カフェではゆっくりコミュニケーションや理解を深めることができるような場になっている。
- 最も重要な要素として、雑談の楽しさがある。雑談は、地域や生活に関する共有された了解情報をもとにしており、感情の豊かさを素直に表現でき、コミュニケーションを肯定的に促進する効果(逆に、否定的な感情や言語を組み入れない効果)がある。
- そうした信頼と協調的言動によって個別的理解が深まることで、その人なりの行動特性に予見性が生まれ、安全が担保されている。
- 利用にかかる金銭負担が低廉(ていれん)または無料である。

 どこでもできる一般則への展開

認知症スティグマは、認知症という症状および認知症を生きるという生活のあり

方という事象の複雑さや不可解さに根ざしている。それが、否定的な先入観となり、偏見、審美的嫌悪、排除、回避、同情などの姿勢や言動となって現れる。共活動体験は、認知症の人との協働的な関わりのなかで、相手の存在性に気づき、そのたどってきた人生にふれ、人格やプライドを感受することで、不可解さのリスクを低減・解消へと導く機会になっている。個別的・対面的なコミットメントを通して、自(みずか)らが知的に成長することを確信させる機会にもなっている。

　また、認知症が社会問題化する背景には、人への愛情や自身の人間的誠実さといった抽象的原理の揺(ゆ)らぎという問題が潜(ひそ)んでいるが、共活動体験は、個別的・対面的コミットメントを通じて形成される相手への信頼を媒介として、こうした抽象的原理の正しさを実感する機会にもなっている。そうした特定の認知症の人への信頼が、時間経過や人間的な交流空間の拡がりとともに集合して、数多(あまた)の個別的関係の総体としてのカフェというシステム自体への信頼やカフェでの認知症の人との出会いというシステム化された関係性への信頼へとつながっていくことになる。柔(やわ)らかくいえば、カフェに行くことが楽しいという心理が生まれる。共活動体験から学習した方々は、自らもカフェ運営に参加したいという主体的な役割感や自己学習的な充足感という自身への信頼を形成していくことにもなる[1]。

　共活動体験者は、個別的・対面的なコミットメントを通じて醸成される人格的信頼とその先のシステムへの信頼を学習することで、認知症の人へのサポートという、かつてはリスクの高い行為と認識していた行為を、人間的な互酬行為と認識するようになる。それは、継続する時間枠のなかで信頼性を維持しようとする欲求へと展開していく。

　したがって、共活動体験をスティグマ低減の学習機会として効果的なものにするための条件は、①個別的・対面的な相互行為において共活動体験者に信頼形成の学習利益が生み出されるような環境を準備すること、そして②そのような相互行為が継続性をもって展開していくような条件を準備すること、の２点であるということができよう。

<注>
1) 信頼をキーワードに他者を排除しない空間や知的リスク低減効果を解釈する知見は、山岸俊男『信頼の構造――こころと社会の進化ゲーム』（東京大学出版会、1998 年）から、また、対面的コミットメント（人格システム）への信頼と非対面的システム（抽象的システム）への信頼の関係に関する知見は、石川博康『「信頼」に関する学際的研究の一動向』（COE ソフトロー・ディスカッション・ペーパー・シリーズ COESOFTLAW-2004-8、2004 年）におけるルーマン（Niklas Luhmann）およびギデンズ（Anthony Giddens）の信頼理論に関する解釈から学んでいる。

その5 認知症スティグマ改善のセルフチェック・シート

1 認知症理解セルフチェック・シート―事前用―

学習を始める直前に、「事前用」の各質問に自分で答えておきます。
学習が終了した直後に、「事後用」の各質問に自分で答えます。
学習前後で、どのような変化が生じたか、セルフチェックして確認します。

1．認知症についての知識に関する質問
次のうち、正しいと思う番号を<u>すべて</u>、〇で囲んでください。

① 認知症とは先天的な認知機能の障害である
② 認知症になると必ず記憶の障害が起こる
③ 認知症になっても手続き記憶（ピアノの演奏の仕方や洗濯機の動かし方など行為の方法に関する記憶のこと）は比較的保たれ、感情も豊かである
④ 認知症の種類は、アルツハイマー型、脳血管疾患、レビー小体型、前頭側頭型の4つだけである
⑤ 認知症の中核症状は薬で治すことができる
⑥ アルツハイマー型認知症は突発的に発症し、急速に進行していく
⑦ BPSDとは徘徊や帰宅の要求、幻覚など行動や心理の症状のことである
⑧ 認知症になると、苦しみや不安はなくなる
⑨ 認知症になっても初期であれば過去の記憶は残っている場合が多い
⑩ 頭部外傷やウイルス感染によっても認知症になる

2．認知症スティグマに関する質問
次の①～㉑の記述について、1．そう思う　2．ややそう思う　3．どちらともいえない　4．ややそう思わない　5．そう思わない、のどれか1つを、〇で囲んでください。

① 認知症の人は私が何を言っているのか理解できない
　　　　　　　　　　　　　　　　　　　　　　　　1　2　3　4　5
② 認知症の人は自分の本能的な欲求のままに生活している
　　　　　　　　　　　　　　　　　　　　　　　　1　2　3　4　5

③　認知症の人は何を言われてもすぐに忘れてしまう　　1　2　3　4　5
④　認知症の人は同じことを何度も繰り返し話して他人をいらいらさせる
　　　　　　　　　　　　　　　　　　　　　　　　　　1　2　3　4　5
⑤　認知症の人は他者を気遣うことができない　　　　　1　2　3　4　5
⑥　認知症の人は何をするかわからない　　　　　　　　1　2　3　4　5
⑦　認知症の人は伝統的に大切にされてきたことを無視しがちである
　　　　　　　　　　　　　　　　　　　　　　　　　　1　2　3　4　5
⑧　認知症の人は他人を煩わせないような環境で生活するのが最善である
　　　　　　　　　　　　　　　　　　　　　　　　　　1　2　3　4　5
⑨　認知症の人は人間的な魅力が薄れているように見える
　　　　　　　　　　　　　　　　　　　　　　　　　　1　2　3　4　5
⑩　認知症の人は地域の公共の施設を利用するのが難しい
　　　　　　　　　　　　　　　　　　　　　　　　　　1　2　3　4　5
⑪　認知症の人は複雑で面白い会話ができない　　　　　1　2　3　4　5
⑫　認知症の人は地域で暮らし続けることができない　　1　2　3　4　5
⑬　認知症の人は衛生状態が良くない　　　　　　　　　1　2　3　4　5
⑭　認知症の人に特に関心はない　　　　　　　　　　　1　2　3　4　5
⑮　認知症の人は人生の知恵があるので尊敬されている
　　　　　　　　　　　　　　　　　　　　　　　　　　1　2　3　4　5
⑯　認知症の人はたくさんの知識を持っている　　　　　1　2　3　4　5
⑰　認知症の人の日常生活は人間らしい　　　　　　　　1　2　3　4　5
⑱　認知症の人は一緒に居て楽しい　　　　　　　　　　1　2　3　4　5
⑲　認知症の人は他人に関心を寄せ、他人を思いやる　　1　2　3　4　5
⑳　認知症の人から学ぶことが多い　　　　　　　　　　1　2　3　4　5
㉑　認知症の人を訪ねることに躊躇はない　　　　　　　1　2　3　4　5

3．主体的スティグマに関する質問

あなたは、もしご自分が認知症になったら、どのように思いますか。以下の項目について、1．そう思う　2．ややそう思う　3．どちらともいえない　4．ややそう思わない　5．そう思わない、のどれか1つを選んで、〇で囲んでください。

①　もし自分が認知症になっても、家族にはそれを知られたくない
　　　　　　　　　　　　　　　　　　　　　　　　　　1　2　3　4　5
②　もし自分が認知症になったら、近所の人にはそれを知られたくない

　　　　　　　　　　　　　　　　　　　　　　　　1　2　3　4　5

③　もし自分が認知症になったら、周囲の人々は、私のことを真剣に考えてくれなくなると思う　　　　　　　　　　　　　　　　　1　2　3　4　5

④　もし自分が認知症になっても、家族は私を支えてくれると思う
　　　　　　　　　　　　　　　　　　　　　　　　1　2　3　4　5

⑤　もし自分が認知症になったら、悲しく当惑すると思う
　　　　　　　　　　　　　　　　　　　　　　　　1　2　3　4　5

⑥　もし自分が認知症になっても、生きることを諦めることはないと思う
　　　　　　　　　　　　　　　　　　　　　　　　1　2　3　4　5

⑦　もし自分が認知症になっても、喜怒哀楽の感情は残ると思う
　　　　　　　　　　　　　　　　　　　　　　　　1　2　3　4　5

⑧　もし自分が認知症になっても、生活環境に適応しようと努力すると思う
　　　　　　　　　　　　　　　　　　　　　　　　1　2　3　4　5

⑨　もし自分が認知症になったら、日常生活のいろいろなことができなくなると思う　　　　　　　　　　　　　　　　　　　　　1　2　3　4　5

2　認知症理解セルフチェック・シート―事後用―

1．認知症についての知識に関する質問

次のうち、正しいと思う番号をすべて、〇で囲んでください。

①　認知症とは先天的な認知機能の障害である
②　認知症になると必ず記憶の障害が起こる
③　認知症になっても手続き記憶（ピアノの演奏の仕方や洗濯機の動かし方など行為の方法に関する記憶のこと）は比較的保たれ、感情も豊かである
④　認知症の種類は、アルツハイマー型、脳血管疾患、レビー小体型、前頭側頭型の４つだけである
⑤　認知症の中核症状は薬で治すことができる
⑥　アルツハイマー型認知症は突発的に発症し、急速に進行していく
⑦　BPSDとは徘徊や帰宅の要求、幻覚など行動や心理の症状のことである
⑧　認知症になると、苦しみや不安はなくなる
⑨　認知症になっても初期であれば過去の記憶は残っている場合が多い
⑩　頭部外傷やウイルス感染によっても認知症になる

2．認知症スティグマに関する質問

次の①〜㉑の記述について、1．そう思う　2．ややそう思う　3．どちらともいえない　4．ややそう思わない　5．そう思わない、のどれか1つを、〇で囲んでください。

① 認知症の人は私が何を言っているのか理解できない
　　　　　　　　　　　　　　　　　　　　　　　1　2　3　4　5
② 認知症の人は自分の本能的な欲求のままに生活している
　　　　　　　　　　　　　　　　　　　　　　　1　2　3　4　5
③ 認知症の人は何を言われてもすぐに忘れてしまう　1　2　3　4　5
④ 認知症の人は同じことを何度も繰り返し話して他人をいらいらさせる
　　　　　　　　　　　　　　　　　　　　　　　1　2　3　4　5
⑤ 認知症の人は他者を気遣うことができない　　　1　2　3　4　5
⑥ 認知症の人は何をするかわからない　　　　　　1　2　3　4　5
⑦ 認知症の人は伝統的に大切にされてきたことを無視しがちである
　　　　　　　　　　　　　　　　　　　　　　　1　2　3　4　5
⑧ 認知症の人は他人を煩わせないような環境で生活するのが最善である
　　　　　　　　　　　　　　　　　　　　　　　1　2　3　4　5
⑨ 認知症の人は人間的な魅力が薄れているように見える
　　　　　　　　　　　　　　　　　　　　　　　1　2　3　4　5
⑩ 認知症の人は地域の公共の施設を利用するのが難しい
　　　　　　　　　　　　　　　　　　　　　　　1　2　3　4　5
⑪ 認知症の人は複雑で面白い会話ができない　　　1　2　3　4　5
⑫ 認知症の人は地域で暮らし続けることができない　1　2　3　4　5
⑬ 認知症の人は衛生状態が良くない　　　　　　　1　2　3　4　5
⑭ 認知症の人に特に関心はない　　　　　　　　　1　2　3　4　5
⑮ 認知症の人は人生の知恵があるので尊敬されている
　　　　　　　　　　　　　　　　　　　　　　　1　2　3　4　5
⑯ 認知症の人はたくさんの知識を持っている　　　1　2　3　4　5
⑰ 認知症の人の日常生活は人間らしい　　　　　　1　2　3　4　5
⑱ 認知症の人は一緒に居て楽しい　　　　　　　　1　2　3　4　5
⑲ 認知症の人は他人に関心を寄せ、他人を思いやる　1　2　3　4　5
⑳ 認知症の人から学ぶことが多い　　　　　　　　1　2　3　4　5

㉑　認知症の人を訪ねることに躊躇はない　　　　1　2　3　4　5

3．主体的スティグマに関する質問

あなたは、もしご自分が認知症になったら、どのように思いますか。以下の項目について、1．そう思う　2．ややそう思う　3．どちらともいえない　4．ややそう思わない　5．そう思わない、のどれか1つを選んで、○で囲んでください。

①　もし自分が認知症になっても、家族にはそれを知られたくない
　　　　　　　　　　　　　　　　　　　　　　　　1　2　3　4　5

②　もし自分が認知症になったら、近所の人にはそれを知られたくない
　　　　　　　　　　　　　　　　　　　　　　　　1　2　3　4　5

③　もし自分が認知症になったら、周囲の人々は、私のことを真剣に考えてくれなくなると思う　　　　　　　　　　　　　1　2　3　4　5

④　もし自分が認知症になっても、家族は私を支えてくれると思う
　　　　　　　　　　　　　　　　　　　　　　　　1　2　3　4　5

⑤　もし自分が認知症になったら、悲しく当惑すると思う
　　　　　　　　　　　　　　　　　　　　　　　　1　2　3　4　5

⑥　もし自分が認知症になっても、生きることを諦めることはないと思う
　　　　　　　　　　　　　　　　　　　　　　　　1　2　3　4　5

⑦　もし自分が認知症になっても、喜怒哀楽の感情は残ると思う
　　　　　　　　　　　　　　　　　　　　　　　　1　2　3　4　5

⑧　もし自分が認知症になっても、生活環境に適応しようと努力すると思う
　　　　　　　　　　　　　　　　　　　　　　　　1　2　3　4　5

⑨　もし自分が認知症になったら、日常生活のいろいろなことができなくなると思う　　　　　　　　　　　　　　　　　1　2　3　4　5

その6 地域包括支援センター
認知症早期発見・初期集中支援標準マニュアル

地域包括支援センター
認知症早期発見・初期集中支援
標準マニュアル

編集
特定非営利活動法人　日本介護経営学会

編集協力
社会福祉法人渓仁会／社会福祉法人こうほうえん／社会福祉法人志摩会

ステップ1 「早期発見」とは

　地域包括ケアにおける介護サービスの目的は、年齢や障害の有無に関わりなく地域や家庭の中で、その人らしい自立した生活の継続を支援することです。

　認知症早期発見の「早期」とは、認知症の原因となる疾患(しっかん)の発症をきっかけに、そうした自立した生活の継続を難しくするような兆候、つまり言動の変化や症状が現れるタイミングのことを指します。

　早期発見の「発見」とは、専門的な医療や介護の支援サービスにつなげる行動のことをいいます。

　早期発見が重要だとされる理由は、集中的な支援を開始することで、兆候を食い止め、あるいは兆候の悪化を予防し、それまでの生活をできるだけ続けられるようにするためです。

　日常生活にちょっとした変化が現れた段階（初期）、軽度認知障害（MCI）の段階（グレーゾーン）、原因疾患が発症した段階（診断がついた段階）は、すべてその人の自立した生活の継続に黄色信号が点(とも)ったタイミングです。地域包括支援センターが発見した段階が「早期」です。

* MCIとは、認知機能（記憶、決定、理由づけ、実行など）の一部に問題が生じてはいるが、日常生活に支障がない状態のことです。この段階では、日常生活自体は成り立っているため、本人に受診やサービス利用を勧め難かったり、地域での適切なサービスや場の提供の選択肢が限られていたりします。しかし、この段階で早期に診断して医療機関との連携体制をつくっておくことや、栄養管理、孤立防止など生活環境や生活習慣の改善を進めることが非常に重要な段階でもあります。

ステップ2 「初期集中支援」とは

　初期集中支援の「初期」とは、「早期発見」から直ちに集中的な支援に動き出すこと、つまり、「初動」のことです。

　初期集中支援の「集中支援」とは、発見された時点での症状、状態を、それ以上悪化させないために必要な、専門的支援を集中的に投入することをいいます。

　発見が、認知症原因疾患の発症の初期段階であれば、状態を改善したり、症状を取り除くこともできます。また、認知症の行動・心理症状（BPSD）の原因となっている生活環境や人間関係などを調整することで、症状の緩和につなげることができます。すべて、本人・家族の抱く不安や恐れ、失意を取り除き、安心して落ち着いた生活の継続を可能にするためです。

　集中支援の内容としては、
- ▶まだ受診していません
    - ➡ 認知症疾患医療センターなどしっかりした専門医療機関につなぎましょう
- ▶診断がでました
    - ➡ 要介護認定や必要な認定区分変更の手続きをとりましょう
- ▶かかりつけの医師がいます
    - ➡ 専門医療機関の判断を伝え、本人の希望と便宜に沿った調整をしましょう
- ▶生活困窮です
    - ➡ 福祉事務所、生活困窮者自立支援法の所管課係に連絡しましょう
- ▶家族関係に問題があります
    - ➡ 理解し、伴走できる親族や友人を特定し、協力を得ましょう
- ▶近所にお知らせしたほうがよいでしょうか
    - ➡ 助けが欲しい範囲には、本人、家族からお知らせしましょう

ステップ3　介護サービスと一緒に進めましょう

認知症介護サービスにおける初期集中支援と並行して進めたいことがあります。

- ▶ 虐待(ぎゃくたい)（暴力だけでなく、無視や放置も入ります）の可能性があります
  虐待は、養護者（介護している家族など）に、認知症の原因疾患(げんいんしっかん)や症状に関する知識が不足していたり、誤った理解があったり、介護方法がわからなかったりすることから生じます。家族が抱え込んでしまって、閉じこもった空間や関係の中で、心理的な負担感に耐えられずに起こってしまいます
  - ➡ 地域カフェや認知症家族会などを紹介しましょう
  - ➡ 認知症サポーター養成講座にお誘いしましょう

- ▶ 認知症は消費者被害と結びつきやすいです
  とくに、現金や預金の管理に関わる問題の発生を早期に阻止しましょう
  - ➡ 日常生活自立支援事業や成年後見制度を活用しましょう

ステップ4 「空白の初期」を解消しましょう

　本人や家族は、認知症が疑われる兆候に気づき、不安に思っていても、自分たちで対応しようとして、かえって状態を進行させてしまいがちです。一人暮らしで周囲の目が届かなかったり、家族関係が希薄なため認知症の不安を表に出さなかったり、状態の重大さを見過ごすこともあります。

　かかりつけのお医者さんがいても、専門医ではありませんから、兆候を見逃したり、正しい診断ができない場合があります。

　認知症の初期症状を的確に発見するには、家族以外の地域の仲間の役割が重要です。

地域の仲間の目や耳を早期発見のために活かす仕掛けをつくりましょう。
- ▶地域のお茶飲み・寄り合いサロン、生きがいデイサービス、地域カフェなどの集いの場
- ▶認知症予防スクリーニング、買い物支援活動、地域店などの見守りの活動
- ▶介護フェスティバル、相談会、認知症学習会などの参加型の活動
- ▶町内会活動、公民館活動、地域清掃など地域住民の定期的な活動

地域包括支援センターの役割を果たしましょう。
- ▶活動の企画、実施要項の案を作成しましょう。先進事例を参考にしましょう
- ▶町内会長、民生委員、公民館長など地域情報をもつ皆さんと、取り組みの推進につき協議しましょう
- ▶活動を支えてくれるサポーターを地域の中に見つけましょう。とくに、経験と知恵とつながりを有するシニアを探しましょう
- ▶場所を確保しましょう。サロン、カフェなどは空き家活用も考えましょう。法人の居宅サービス事業との連携を意識しましょう
- ▶信頼できる認知症専門医療機関と連絡体制をつくりましょう
- ▶活動について、地域住民、金融機関、商工業者、消防、警察、学校、行政などの協力を得ながら、積極的に広報しましょう

ステップ5 「かも知れない兆候」や軽度認知障害（MCI）を見逃さない

　認知症の早期発見には、家族や住民の皆さんが、認知症の初期の兆候に敏感(びんかん)になることが重要です。
　そのためには、初期の兆候についての具体的な知識、イメージをもつ必要があります。

　認知症状は、日常生活でこれまでできていたことにもたつきが生じたり、言動や生活意欲に変化が生じるところから始まります。

- ▶ 家族や周囲の人々が気づきやすいように、「かも知れない兆候」の具体的なリストを作成しましょう
- ▶ 軽度認知障害（MCI）と若年性認知症は、短期記憶障害の兆候が特徴です
- ▶ リストに載っている兆候を、複数回確認したら、すぐに地域包括支援センターに連絡するよう、地域活動に参加する住民の皆さんを啓発しましょう
- ▶ 認知症サポーター養成講座や各種講座の機会に、具体的な兆候と地域包括支援センターへの連絡について、必ず話題にしましょう
- ▶ 老人会など地域の集まりの機会に、「かも知れない兆候」のチェックリストを配布し、本人や家族の気づきを促すとともに、地域包括支援センターの情報把握に活かしましょう

ステップ5　参考　「かも知れない兆候」

認知症の判断基準となる認知機能の6領域

- ▶ 複雑性注意（complex attention）
  日常生活の多方面に注意が及ぶかどうか
- ▶ 実行機能（executive function）
  自分で考え、行動することができるかどうか
- ▶ 学習と記憶（learning and memory）
  経験したこと、学んだことを覚えているかどうか
- ▶ 言語（language）
  会話での発話がスムーズかどうか
- ▶ 知覚－運動（perceptual-motor）
  周囲の動きや変化についていけているかどうか
- ▶ 社会的認知（social cognition）
  社会関係、家族関係をうまくやれているかどうか

このどれかに、以前と違うレベルの低下が確認されれば「かも知れない兆候」です。

「かも知れない兆候」の例
- ◎ かかってきたばかりの電話の相手の名前を忘れる
- ● しまい忘れ、置き忘れがある
- ◎ 財布などを盗まれたと他人を疑う
- ● 季節に合わせた服装ができていない
- ◎ 髪や身だしなみを構わない
- ● 新しいことが覚えられない
- ◎ くどくど、同じことを何回も繰り返す
- ● 忍耐力や集中力がなくなってきた
- ◎ 人に頼ったり、人のせいにしたりする
- ● ちょっとしたことでイライラ怒りやすくなった
- ◎ 億劫（おっくう）がったり、ふさぎ込んだりする
- ● 薬の飲み忘れがある
- ◎ 趣味や好きだったことに興味を示さなくなる
- ● 約束の日時や予約した日を間違える
- ◎ ゴミステーションの使い方やゴミ出しがうまくできなくなる
- ● 地域の会合を伝えても来られなくなる
- ◎ 回覧板の回し忘れがある
- ● 町内会費を払ってくれなかったり、何回も持ってきたりする

ステップ6　地域に連絡網を拡げましょう

　認知症の人やその家族の様子を、地域の皆さんは気にしています。その情報を地域包括支援センターにつなぐ地域連絡網をつくりましょう。

▶地域包括支援センターは介護保険サービスの窓口であるとともに、地域包括支援の情報拠点の役割も担(にな)っています。情報収集、分析、対応、発信、啓発といった役割を積極的に担いましょう

地域連絡網のポイントは、
「認知症のことなら何でも地域包括支援センターにご相談を」
を徹底することです。

- ☐ 民生委員の月例会への顔見せ、民生委員さんとのふだんからの意思疎通(いしそつう)と連絡体制
- ☐ 地域のスーパーマーケット、コンビニエンスストア、飲食店、金融機関、郵便局、ガソリンスタンドなどへの顔出しと連絡依頼
- ☐ 地域の居宅サービス事業者、在宅介護支援センター、認知症地域支援推進員などとの協力関係
- ☐ 認知症専門医療機関との意思疎通と相互連絡体制
- ☐ 警察、消防、公民館、行政の利用施設との意思疎通と連絡体制
- ☐ 担当保健師や生活保護ケースワーカーとの意思疎通と情報交換
- ☐ 保険者（行政）との間での、これらの連絡網に関する情報共有とスムーズな連絡体制
- ☐ 医療機関や保健所などに設置されている在宅医療・介護連携支援センターとのスムーズな連絡体制

ステップ7　学習効果の高い取り組みをしましょう

　地域住民の皆さんは、認知症になること、認知症を抱えながら生きることを最初から理解している訳ではありません。理解できていないと、怖がったり、避けようとしたりします。認知症への先入観（スティグマ）です。

　認知症への先入観を払拭し、支援に前向きな気持ちを育むのに効果的な学習機会は、次の二つです。

◆ 地域カフェ、地域サロン、健康づくり教室などにおける認知症の人との共活動体験の推進
　▶ 支援する側、受ける側という考え方ではなく、一つのことに一緒に取り組むという共生空間づくり
　▶ 認知症の人の特技（裁縫や茶道など認知症になる前から得意としてきたこと）、役割（料理づくり、作品づくりなどお互いに役割をもって取り組むこと）に沿って、保有能力を活かす

◆ 認知症サポーター養成講座を通じた学習
　▶ 認知症サポーター養成講座を積極的に受託するとともに、自主事業としても開催します
　▶ 住民の身近な地域へ出前して実施する養成講座が効果的です
　▶ 講義内容には、認知症の理解だけではなく、一般的な人間理解と人間受容力に関する内容を加えてください
　▶ 知識を教えるのではなく、認知症の人の目線に立った考え方、自分のこととしてとらえる姿勢を促します

ステップ8　担い手を育てましょう

　カフェで共活動体験を終えた方々は、認知症についての認識を新たにしています。
　　▶さっそく、認知症サポーター養成講座に誘いましょう
　　▶受講後は、丁寧（ていねい）にフォローアップし、カフェの運営サポーターになることを勧めます

　地域には、民生委員の経験者や、障害児教育や福祉の仕事の経験者がいらっしゃいます。また、観察眼や人間力に優れた方々もいらっしゃいます。そういう方は、広い仲間のネットワークもおもちです。
　　▶認知症サポーター養成講座を受講してもらいたい人材を地域から勧誘しましょう
　　▶受講後はボランティアをお願いし、カフェなどの地域活動につなぎましょう

　介護保険サービスの現場の認知症介護力が高まれば、地域包括支援センターとして、ケースの移行が楽になります。介護サービス事業者と協力しながら、若手の介護職員に、認知症教育を積極的に勧めましょう。
　　▶認知症について正しい理解をもつこと、人間受容力を高めること、ストレス耐性を強化すること、に狙いをおいた教育内容にしましょう。勤務時間の制約などがありますから、自宅学習を勧めましょう
　　▶専門職員としての育成を考え、サービス理論およびパーソン・センタード・ケアの正しい理解を促しましょう

ステップ9　地域包括支援センターにつながる経路はどうなっていますか

◆ 本人から相談があった
　地域に知り合いがいない、同居家族がいない、家庭内で本人が孤立している、近隣住民から民生委員に相談があり、民生委員から事前に介護保険サービスの利用を勧められているなど、事態が悪化する条件があります。本人は、認知症かもしれないという不安とともに、周囲から助けてもらえないことへの生活不安が強いことに着目します

◆ 家族から相談があった
　家族が抱え込んでいて限界になり相談に至っているかどうかに注目します。相談後に家族の関わり方が低下する可能性が高いです。配偶者、娘、嫁、孫などから相談がくるときには、息子の存在や関わりの様子に注目します。息子が相談にくるときには、すでに受診し、医師から指示が出ているかどうかに注目します

◆ 医療機関から連絡があった
　医療機関からサービス提供機関に連絡があり、地域包括支援センターにつながるケースでは、家族の見逃しや非協力に注目します
　入院中に地域連携室から地域包括支援センターに連絡があるケースでは、医療的な経過観察やリハビリテーションとの連携に注意します

◆ 地域から連絡があった
　民生委員、商店、警察、消防、金融機関から直接に連絡があるケースでは、生活の孤立、家族の見逃しや非協力に注目し、すでに状態・経過が複雑になっていることに留意します

◆ 介護サービス事業所や介護支援専門員（ケアマネジャー）から連絡があった
　すでに配偶者が介護保険サービスを利用していて、家族情報がわかっていますから、協力・連携して進めましょう

◆ 行政の窓口から連絡があった
　困難なケースや開業医経由のケースが多いので、地域包括支援センターとして、本人・家族情報の収集を急ぎましょう

➡ 　すぐに、訪問面接に伺います
　　連絡をしてきた家族や民生委員、ケアマネジャーに同行してもらい、本人・家族の信頼を得てから聞き取りに入ります

ステップ10　初動のポイント

　初期集中支援の開始にあたり、①介入の目標と方針をしっかり立てましょう、②認知症は怖くないし、認知症になってもこれまでの生活を続けていけるという意識をしっかり育てるようにしましょう。

介入の目標
- ▶これまでの生活を継続することを目的にしましょう。本人もそれを望みます
- ▶訪問面接や関係者への聞き取りから、本人の病理的な状態、日常生活に現れている症状、生活の環境条件、家族との関係など支援の条件を客観的に把握しましょう
- ▶本人の生活歴、仕事や地域で担ってきた役割、本人が自覚している「できること」「自分の役割」「自分のやり方」を理解しましょう。それらを総合して、本人の「自尊心」を汲み取りましょう
- ▶未受診の場合、必ず、認知症疾患医療センターなど認知症専門医療機関につなぎ、客観的な状態把握と投薬管理の進め方につき、本人・家族への助言を得ましょう
- ▶生活継続の支援という目標に沿って、本人の抱える条件と本人の自尊心のあり方を考慮し、専門医の診断を活かして、解決すべき課題を整理し、解決行動の順序を決め、何を、どのように手配するか、誰に、どういう役割を求めるかを判断します
- ▶初期集中支援チームが立ち上がるケースでは、生活継続支援の目標に沿って、地域包括支援センターが中心的な役割を担いましょう

ステップ11　サービスへのアプローチ

◆ 認知症の症状が初期の段階で発見されたら
- ▶ 余裕をもって対応しましょう。課題が十分に顕在化していない段階ですから、状態評価と今後の展開の予知をしっかり行いましょう
- ▶ 本人に病識や生活継続への自覚があること、家族や周囲の理解と協力があることなど好条件を活かして、まずは、認知症専門医療機関での受診につなげ、要支援の認定に向け介護保険申請の手続きを進めます
- ▶ 通所介護（デイサービス）とカフェの組み合わせや予防リハビリテーションと居宅サービスの組み合わせなどで、モニタリングの体制をしっかりつくりましょう

◆ 症状が顕著にみられる段階になって発見されたら
- ▶ まずは、認知症専門医療機関につなぎ、正確な鑑別判断を得ましょう
- ▶ 症状の進行が放置された原因を探りましょう。本人が受診や介護相談を拒んできたのか、家族が動かなかったり非協力的だったりしたのか、周囲に見守る環境がなかったのか、本人が生活を変えたくない・離れたくないという気持ちから動くのが遅れたのか、など、原因はすなわち改善すべき状態ととらえましょう
- ▶ 要介護未認定の場合は認定手続きをとりましょう。既認定の場合は、区分変更の必要性を検討し、手続きをとりましょう
- ▶ 本人の希望に最適な介護サービス提供事業者が利用できるよう、介護支援専門員（ケアマネジャー）と連携して、ケアプランにつながる支援方針を決定しましょう

ステップ 12　拒否がみられるケースでのコツは

◆ 受診や介護サービスの利用を拒む理由として、次のことが考えられます
- ☐ 長年の生活を変えたくない、今の生活から離れたくない、自力でなんとかやっていけると思っている
- ☐ 家族との関係に問題を抱えているため、家族の助言を頑なに拒んでいる
- ☐ 病識をもつこと・診断されることへの不安や恐れ、介護を受けることへの羞恥心などがある
- ☐ 家族が、家庭内の生活状況（病識、経済状態、世間体、虐待など）を表に出したくないことから、本人が受診やサービス利用するのを阻んでいて、それを、本人が拒否しているように説明している

▶ いずれも、医療診断を受け、投薬管理をしっかり行い、適切な介護保険サービスの支えがあることで、生活が今よりも楽になるということを、本人や家族に誰も教えてくれないこと、一緒に進んでくれる暖かい人間関係に恵まれていないことが背景になっています

▶ 本人の生育・生活歴、これまでの生活経路や家族史を紐解きましょう。民生委員、医療機関、友人など関係者が保有する本人に関する情報を地域包括支援センターが中心になり総合的に整理・分析し、関わる人を増やし、みんながチームで支援する体制をつくるために、エコマップを描いてみましょう
  - ○ 本人の体験や関心事を傾聴し、特技を見せてもらうなど、本人の居場所を確認し、心の接近を図りましょう
  - ○ 本人が心を許す配偶者、娘、兄弟姉妹、友人などが必ずいますので、伴走者になることをお願いしましょう
  - ○ 伴走者と一緒に健康診断を受ける名目で受診へ導くなど受診への心理的な垣根を低くしましょう。必ず認知症の専門医療機関に正確な診断と投薬判断をお願いしましょう
  - ○ 介護保険サービスの拒否があれば、「デイサービスにボランティアに行きましょう」など、受け入れやすい名目で、利用を促しましょう

ステップ13　ケースのモニタリングを続けましょう

- ▶ 困難要因が複合的にはたらいているようなケースや深刻化が懸念されるケースでは、ケアプランを担当する介護支援専門員（ケアマネジャー）と事前に相談しながら、サービス展開に明確な見通しをもちましょう

- ▶ 予防・生活支援が重視されるケースや介護保険サービスの利用で状態改善がみられるケースについては、ケアマネジャーに渡しっぱなしにしないで、継続的にモニタリングするようにしましょう

- ▶ グレーゾーンから原因疾患発症初期の段階では、とくに地域包括支援センターを中心とするケアマネジメントが大切です。認知症専門医療機関の医療ソーシャルワーカーとの綿密な情報共有と処遇上の連携、かかりつけ医への丁寧な説明と方針の調整、効果的な進行予防の支援など、認知症初期集中支援チームが行う支援内容の調整を、地域包括支援センターが進めるようにしましょう

- ▶ 家族関係の困難や経済的困窮、障害のある親族との同居、本人の性格・行動特性など気になるケースについて、終結後もモニタリングを続けましょう

監修・編集協力・執筆者一覧

●監修

小笠原浩一
　東北福祉大学大学院総合福祉学研究科教授／特定非営利活動法人日本介護経営学会副会長

宮島俊彦
　岡山大学客員教授／元厚生労働省老健局長／特定非営利活動法人日本介護経営学会理事

●編集協力

特定非営利活動法人　日本介護経営学会
　介護経営のあり方を科学的に研究するべく、介護事業に関わる経営学や経済学、社会福祉学、公衆衛生学など関連分野の総合的研究を進めるとともに、その成果を実務に応用することを目指して2005（平成17）年3月に設立された。

●執筆者（執筆順）

田中　滋 …………………………………………………………………… はじめに
　慶應義塾大学名誉教授／特定非営利活動法人日本介護経営学会会長

宮島俊彦 …………………………………………………………………… 導入1
　前出

小笠原浩一 …………… 導入2、Part 1 その1・その7、Part 2 ガイダンス・その1・その4
　前出

石附　敬 …………………………………………………………………… Part 1 その2
　東北福祉大学総合福祉学部講師

阿部哲也 …………………………………………………………………… Part 1 その2
　認知症研究・研修仙台センター副センター長／東北福祉大学総合福祉学部准教授

工藤健一 …………………………………………………………………… Part 1 その3
　東北福祉大学総合マネジメント学部准教授

永田壽子 …………………………………………………………………… Part 1 その4
　社会福祉法人こうほうえん理事・教育研修人財部長

伊藤道美 …………………………………………………………………… Part 1 その4
　米子市尚徳地域包括支援センター所長

古賀清隆 …………………………………………………………………… Part 1 その5
　社会福祉法人志摩会地域包括ケア開発室長

神内秀之介 ………………………………………………………………… Part 1 その6
　社会福祉法人手稲ロータス会特別養護老人ホーム手稲ロータス施設長

特定非営利活動法人　日本介護経営学会 ………… Part 2 その2・その3・その5・その6

認知症の早期発見・初期集中支援に向けた
ラーニング・プログラム

2017年9月15日　発行

監　　　修：小笠原浩一・宮島俊彦
編集協力：特定非営利活動法人　日本介護経営学会
発　行　者：荘村明彦
発　行　所：中央法規出版株式会社
　　　　　〒110-0016　東京都台東区台東 3-29-1　中央法規ビル
　　　　　営　　業　TEL 03-3834-5817　FAX 03-3837-8037
　　　　　書店窓口　TEL 03-3834-5815　FAX 03-3837-8035
　　　　　編　　集　TEL 03-3834-5812　FAX 03-3837-8032
　　　　　https://www.chuohoki.co.jp/
印　刷　・　製　本：長野印刷商工株式会社
装幀・本文デザイン：株式会社ジャパンマテリアル

ISBN978-4-8058-5576-8
定価はカバーに表示してあります。
本書のコピー、スキャン、デジタル化等の無断複製は、著作権法上での例外を除き禁じられています。また、本書を代行業者等の第三者に依頼してコピー、スキャン、デジタル化することは、たとえ個人や家庭内での利用であっても著作権法違反です。
落丁本・乱丁本はお取り替えいたします。